「一帶一路」下的
粵港澳大灣區藍圖

梁海明、洪為民、洪雯 著

「把粵港澳大灣地區建設成為「充滿活力的世界級城市群」
「具有全球影響力的國際科技創新中心」「"一帶一路"建設的重要支撐」
「內地與港粵深度合作示範區」「宜居宜業宜遊的優質生活圈」

財經錢線

前　言

　　隨著城市的發展，在地理、市場和政策等多重因素的作用下，資源要素為尋求更優化的配置，必然會突破城市邊界，在地理空間鄰近的數個城市之間集聚與擴散，從而推動城市之間互聯互通，繼而形成城市群。城市之間的集群效應，使每一個成員城市都能更有效地利用自身的資源和優勢，亦能從其他成員城市的資源和優勢中獲益，從而實現整體最優化。

　　目前，城市群已經成為全球競爭的重要主體。環顧全球，那些基礎設施最為便利、對內和對外流通最為集中、供應鏈網絡最為發達的世界級城市群，吸引著全球資金、技術、資訊和人才的匯聚，成為全球資源分配的樞紐和全球化的重要節點。因此，建設世界級城市群，已經成為各國提升自身全球競爭力的關鍵。

　　中國自實行改革開放以來，經歷了西方國家前所未有的大規模且快速城市化的發展歷程。1978—2018年中國城鎮常住人口規模從大約1.7億人激增至大約8億人。城市數量也快速增加，出現大量的大城

市、特大城市。作為城市發展最高形態的城市群，亦在中國多個區域內逐漸發展和成熟起來，成為中國城市發展的主導形態。

2014年3月16日，新華社發布中共中央、國務院印發的《國家新型城鎮化規劃（2014—2020年）》。該規劃指出，發展集聚效率高、輻射作用大、城鎮體系優、功能互補強的城市群，使之成為支撐全國經濟增長、促進區域協調發展、參與國際競爭合作的重要平臺。無疑，將推動城市群發展作為城市化的主導模式，已經成為中國提升城市化質量、參與國際競爭的重大戰略。

而在中國的諸多城市群中，位於珠江口的粵港澳大灣區[①]，尤為與眾不同。其總面積約為5.6萬平方公里，目前常住總人口約為7,000萬，GDP總量超過10萬億元人民幣。這一區域是改革開放初期引領全國的先鋒，是「一國兩制」這一創新方針的實踐地，也是目前中國國際化和市場化水準最高的地區。金融、科創、製造、商貿等多種產業齊備，多種文化互相交匯。可以說，從經濟競爭力、國際化和市場化水準、文化和產業多元化等角度來分析，粵港澳大灣區是中國最有潛力成為世界級城市群的區域。

同時，粵港澳大灣區亦是全球最複雜的城市群。目前，跨境的城

[①] 粵港澳大灣區是由香港、澳門兩個特別行政區和廣東省的廣州、深圳、珠海、佛山、中山、東莞、惠州、江門、肇慶九市（簡稱珠三角九市）組成的城市群，是中國建設世界級城市群和參與全球競爭的重要空間載體。

市群並不鮮見，例如法國和比利時邊境的里爾大都市區，以及德國、法國、比利時和盧森堡四國相鄰城市組成的盧森堡都會區等。但論及複雜程度，粵港澳大灣區可謂全球之首。

在「一國兩制」的基本國策下，粵港澳大灣區分屬三個不同經濟體和關稅區，使用三種不同的貨幣。首先，人、貨、資訊、資金等要素在灣區內部三地之間並不能自由流通，面臨關稅區邊境及制度的阻隔。其次，三地對外的關稅水準、資金流通制度、投資開放程度和對外經濟政策亦有區別，各自維持不同的邊境管制。

我們常常說粵港澳大灣區涉及三個經濟體，但這種說法並不準確。香港和澳門分別是獨立經濟體，但珠三角九市並不是，只是內地這個大經濟體的一部分。珠三角九市與香港之間的經濟整合受制於全國的開放水準和對外經濟政策。因此，粵港澳大灣區建設的關鍵性內容關係到國家進一步實行改革開放的進程，需要在國家層面來考慮。

再加上粵、港、澳三地的政治體制、法律制度、市場管理模式等方面均有較大差別，這些情況與其他國家相比就更為複雜。立足於這一客觀現實，欲推動粵港澳大灣區的發展，無疑需要創新思維，而這種創新思維，應包含以下兩個方面：

其一，推動粵港澳大灣區的經濟融合，既需要從最宏大的視野出發，又需要在最微觀處落腳。經歷幾十年改革開放的歷程，中國的發展已進入新時代，而國際政治經濟格局亦出現了巨大變化。中國提出

的「一帶一路」①倡議力圖構建平等、互利的新型區域合作模式，推進新一輪的全球化進程，亦可化解國家內部發展的不平衡，並推進人民幣的國際化進程。粵港澳大灣區是「一帶一路」上的重要起點，其建設和發展無疑要站在國家大戰略的高度，配合「一帶一路」整體規劃的實施，從多個宏觀層面為「一帶一路」建設提供支撐和動力。

而且，「粵港澳大灣區」這一概念從最初提出，便以提升灣區內民眾生活、學習、就業和創業的環境為目標。由國家發展和改革委員會與粵、港、澳三地政府共同簽署的《深化粵港澳合作 推進大灣區建設框架協議》指出，粵港澳大灣區建設要以改善民生為重點，共建宜居宜業宜遊的優質生活圈。從這一目標來看，粵港澳大灣區未來的發展，也需要從微觀的層面和民眾生活的視角，提出接地氣的改善措施。若能讓灣區民眾享受世界一流的優質生活，那麼灣區融合自然會成為民心所向。

其二，面對粵港澳大灣區內部極其複雜的現實狀況，我們既需要通過頂層設計和政策協調來推動粵港澳大灣區的合作，又需要遵循市場規律，讓市場發揮基礎性作用。

在大灣區內部，香港和澳門作為自由港，與外界之間的流通障礙

---

① 「一帶一路」是「絲綢之路經濟帶」和「21世紀海上絲綢之路」的簡稱，旨在借用古代絲綢之路的歷史符號，充分依靠中國與有關國家和地區既有的雙（多）邊機制，借助既有的、行之有效的區域合作平臺，高舉「和平發展」的旗幟，積極發展與沿線國家和地區的經濟合作夥伴關係，共同打造政治互信、經濟融合、文化包容的利益共同體、命運共同體和責任共同體。

較少。但國家尚在逐步開放的進程中，需要保持其有效的邊境管制，使其作為隔絕風險的防火牆。因此，生產要素在粵、港、澳三地之間尚不能自由流通，三地市場處於割裂狀態，而這一現實狀況，也許在很長一段時間內都無法徹底改變。在這一現實狀況下，我們無疑需要利用政府的力量，通過頂層設計和區域規劃，採取各種政策措施，來推動粵、港、澳三地的協同發展和融合。

另一個不可忽視的現實是，粵港澳大灣區是全國市場化程度最高的區域。港、澳兩地作為自由港，政府在經濟中主要扮演服務者的角色，香港更是連續二十多年被評為全世界最自由的經濟體。而珠三角九市的活力，也是得益於在全國領先的市場化改革。因此，避免政府過度規劃和干預，讓市場充分發揮作用，是這個區域繼續保持活力和競爭力的根本。

本書包括五章。第一章首先從新時代背景出發，解讀全球化的新階段及「一帶一路」倡議，並在此宏觀背景下，探討粵港澳大灣區的發展目標及重大意義。第二章和第三章具體分析粵港澳大灣區和幾個中心城市的發展優勢，以及其面臨的挑戰。第四章和第五章則對如何用好優勢和應對挑戰提出了一系列建議——既包括粵港澳大灣區如何助力「一帶一路」建設，又包括如何讓普通民眾受益；既包括在政策層面上推動協同的措施，又包括如何以市場為導向來促進灣區內城市的互聯互通等建議。

總之，粵港澳大灣區的融合發展任重而道遠，我們需要大膽提出制度創新，需要以包容和開放的心態去思考各種可能實現目標的途徑。但同時，作為全球最複雜的跨境城市群，三地融合發展的難度可想而知，無疑需要各方繼續努力。

洪雯

2019 月 1 月 15 日於香港

目　錄

第一章　為什麼粵港澳大灣區建設很重要 …………………… 001
　　粵港澳大灣區提出有何時代背景 ………………………… 003
　　為什麼要有粵港澳大灣區 ………………………………… 005
　　粵港澳大灣區的建設是否就是城市群的建設 …………… 008
　　粵港澳大灣區與世界其他灣區有何差異 ………………… 015
　　粵港澳大灣區建設可否參照紐約灣區 …………………… 020
　　粵港澳大灣區有何重大機遇 ……………………………… 030

第二章　粵港澳大灣區的經濟發展歷程 ……………………… 037
　　粵、港、澳三地自改革開放至今的經濟發展變化 ……… 040
　　粵港澳大灣區各城市基本經濟狀況 ……………………… 046
　　廣東珠三角九市經濟一體化發展現狀 …………………… 054
　　香港經濟發展的難題和優勢在哪裡 ……………………… 058
　　澳門未來的發展障礙與挑戰有多大 ……………………… 061

第三章　建設粵港澳大灣區將面臨的挑戰 …………………… 065
　　粵港澳大灣區建設面臨四大挑戰 ………………………… 067
　　粵港澳大灣區經濟融合需破解的難題 …………………… 073
　　粵港澳大灣區經濟融合如何使三方均衡受益 …………… 076
　　港、澳融入大灣區：既需全局思維，也需本地行動 …… 078

第四章　對粵港澳大灣區未來發展的建議 …………………… 083
借鑑粵港澳大灣區經驗幫助推「一帶一路」建設 …………… 085
粵港澳大灣區應發揮規範性力量 ……………………………… 090
粵港澳大灣區可嘗試打造「中國智谷」………………………… 093
引入「珠三角研發、香港產業化」的新模式 ………………… 094
粵港澳大灣區建設成功的關鍵：協同 ………………………… 097
組建粵港澳大灣區港口聯盟 …………………………………… 102
把粵港澳大灣區打造成為國際科技創新中心 ………………… 104
把深圳河套地區打造成為匯聚全球資源服務的戰略平臺 …… 108

第五章　粵港澳大灣區建設與我們息息相關 …………………… 111
粵港澳大灣區建設如何讓民眾受益 …………………………… 113
「大灣區人」可成為我們未來的新身分 ……………………… 119
推動香港年輕人「走出去」與立足本地發展 ………………… 121
優化粵、港、澳私人小汽車跨境流動 ………………………… 122
「大灣區通行證」可為民眾帶來便利 ………………………… 125
用好港珠澳大橋 ………………………………………………… 128

後記 ………………………………………………………………… 135

第一章

為什麼粵港澳大灣區建設很重要

建設粵港澳大灣區，是國家主席習近平親自謀劃、親自部署、親自推動的國家戰略，是新時代推動形成全面開放新格局的新舉措，也是推動「一國兩制」事業發展的新實踐。

在對粵港澳大灣區的現狀和前景進行研究和規劃之前，我們首先需要回答一個問題：為什麼粵港澳大灣區建設很重要？

我們嘗試從粵港澳大灣區提出的時代背景、粵港澳大灣區提出的歷程，以及灣區經濟對世界各國的重要作用來回答這個問題。

粵港澳大灣區提出有何時代背景

今天我們面臨一個新常態的挑戰，這個新常態並不是中國專屬的，而是全球都要共同面對的。國際貨幣基金組織（International Monetary Fund，簡稱 IMF）的克里斯蒂娜・拉加德（Christine Lagard）說世界正處於「為了一個新的平庸」的過程，而《新平庸時代》的作者薩蒂亞吉特・達斯（Satyajit Das）也指出世界正進入停滯的時代，即增長

會減慢。

　　世界如何面對經濟無法高速增長的挑戰？在上一波的全球化和互聯網技術的衝擊之下，發達國家因為生產及服務工序的外移，製造業逐漸消失，加上現在智能機器人生產導致低技術勞工出路日漸稀少的問題，社會的穩定受到影響，甚至可能引發政治的動盪。作為地球村的一分子，沒有一個國家可以獨善其身，都會碰到各種各樣的問題。在這個時代背景下，中國每年的 GDP 也開始會由高速增長變成中速增長（如 6% 左右的增速），從前以資源和人力去帶動高速增長的日子，可能已經一去不復返了。

　　作為製造大國和貿易大國，中國要如何應對全球化？如何回應新常態？我們認為要維持增長，可以有四個做法。

　　第一是開拓「新市場」。「一帶一路」就是中國需要開拓的新市場。過去中國甚至整個亞洲的大部分國家的發展，都是以製造業去滿足北美和歐洲的市場。今天我們希望能夠打開一個新的市場，就是「一帶一路」，而這個新市場的開發是以「共榮共融」的手法，通過技術轉移，與當地的利益共同體一同發展。

　　第二是使用「新方法」。例如「產業升級」「+互聯網」等。在 2010 年舉辦的中國（深圳）IT 領袖峰會上，馬雲說他曾經說過中國的「互聯網產業化」已經大致完成，馬上要開始「產業互聯網化」。我們看到一批小公司，例如當年的阿里巴巴、騰訊和亞馬遜等，日漸壯大，最終變成大企業。約 20 年時間，整個互聯網已經成為一個產業，現在美國股市前 10 名的公司裡面，有 5 家公司是跟互聯網或 IT 有關的公司。其實「產業互聯網化」就是對傳統的產業用互聯網的思維和方法

去改變，包括教育、金融、貿易和生產等，不然很可能就會被顛覆。

第三是發展「新產業」。我們的看法就是「互聯網+」。近年也有不少新的經濟模式出現，例如共享經濟或分享經濟、互聯網金融或數字金融。這些都是過去沒有的，現在正在成為一個新的主要增長點。

第四是打造「新平臺」。打造「新平臺」就是要搞平臺經濟和生態圈經濟。今天的京東、阿里巴巴等各種各樣的電商平臺就是例子。這些平臺，過去是不存在的，有了這些新平臺以後，就會出現去中間化和去仲介化，提高產業鏈的效率及透明度。在互聯網時代，還有一件很重要的事情，過去很多的產業（例如貿易）是依靠資訊不對稱進行的，由於互聯網的出現，資訊不對稱的空間變得越來越窄，因此，產業需要重新考慮自己真正的價值，即如何為客戶創造價值。平臺及生態圈的提供者，則需要為夥伴創造價值，做到共榮共存。

中國的改革開放已經進入深水區，以往城市是單打獨鬥、各自發展，而今天的城市群是一起發展，這不僅僅是說粵港澳大灣區，還包括杭州灣區和渤海灣區等。中國向灣區經濟發展，不僅僅是粵港澳大灣區的發展，其他灣區也可以在灣區經濟上分一杯羹，只是粵港澳大灣區今天走得比較靠前，較為人所熟知。

為什麼要有粵港澳大灣區

粵港澳大灣區並不是一個新的概念，早在以前已有「小珠三角」加上香港及澳門的概念。廣東省是中國經濟活力非常強的省份之一，根據中國國家統計局數據，2017 年貨物進出口總額約為 6.8 億元人民

幣，出口貿易額約為 4.2 萬億元人民幣，港口貨運吞吐量約為6.4 萬標準箱。在貨運港口方面，粵港澳大灣區有三個港口排名全球前 10 名以內。在 2017 年全球機場客運吞吐量（航空客運）排名中，香港第 8、廣州第 13、深圳第 34；在 2017 年全球機場貨運量（航空貨運）排名中，香港第 1，廣州第 19、深圳第 24。在互聯網時代，不少貨品都是通過空運去做配送，跟傳統產業鏈概念不一樣，這令空運變得很重要。改革開放以來，粵、港、澳三地已經形成了一個先進製造業和現代服務業雙輪驅動的產業體系，不僅具有一定的實力，而且也得到世界的認同。

粵港澳大灣區的戰略意義有兩方面：一方面是為改革開放探路繼續發揮作用；另一方面是以粵港澳大灣區的拉動來輻射整個華南地區，並與長江經濟帶互相呼應。如果沒有「一帶一路」倡議，就可能沒有今天的粵港澳大灣區，我們相信其發展也會輻射到周邊的地區或國家。過去我們說「9+2」，是指 9 個省和 2 個特區。今天的粵港澳大灣區也是「9+2」，不過「9」是指 9 個城市。兩者的道理差不多，都是建設城市群的發展模式。粵港澳大灣區是要打造一個國際品牌，目的就是中國要「走出去」，所以作為「一帶一路」的「橋頭堡」，粵港澳大灣區的建設和中國在新一輪全球化中的角色是息息相關的。

再來回顧一下粵港澳大灣區的歷史。在經濟一體化初期（1978—2003年），粵、港實行的是「前店後廠」的垂直分工模式，香港負責面對世界市場，廣東則負責生產。2003 年，香港因為「非典」

在經濟上受到沉重打擊，《關於建立更緊密經貿關係的安排》①（Closer Economic Partnership Arrangement，簡稱CEPA）提出服務貿易自由化，滿足了當時港商和專業人士希望開拓內地市場的需求。2003—2016年是市場的橫向整合期，當時的「大珠三角」概念是「泛珠三角」，旨在吸引港企投資，而香港通過這個「泛珠三角」平臺，把一些原本不允許外商或者外資做的事情在「大珠三角」裡先試先行。所以當時說的還是「你來我這裡投資，我去你那裡做生意」，這就是橫向整合。

　　粵港澳大灣區的合作史可以從1980年開始說起。中國走改革開放路線是從南部沿海城市開始的。深圳特區就是在1980年成立的，香港一度借著珠三角地區的勞動力優勢發展製造業。到了20世紀90年代，我們就談「前店後廠」和「三來一補」，開始有內地企業來香港上市，第一家來香港上市的企業是青島啤酒。在21世紀初，香港在研發、金融和商務服務等方面向內地企業「輸血」，內地企業通過轉型升級延伸反哺香港，延伸至香港的產業鏈，在香港拓展市場。2006年，深圳和香港一起構建「深港創新科技圈」，專門開通了一條深港穿梭巴士線，方便深港工程人員往來。當時社會開始就「河套區」作為科技發展區域展開討論。2009年，「廣佛肇」「珠中江」「深莞惠」三個經濟圈規劃中就有「河套區」的規劃。2014年，深圳市政府報告首次提出「大灣區」概念。在2014年深圳兩會上，「灣區經濟」的概念被提出。2015年3月，由國家發展和改革委員會、外交部和商務部聯合編寫的《推動共建絲綢之路經濟帶和21世紀海上絲綢之路的願景與行動》白

---

①　包括《內地與香港關於建立更緊密經貿關係的安排》和《內地與澳門關於建立更緊密經貿關係的安排》，這裡指前者。

皮書在博鰲亞洲論壇上正式發布，內容提及打造粵港澳大灣區。2016年3月，國務院印發《關於深化泛珠三角區域合作的指導意見》，內容提及攜手港、澳共同打造粵港澳大灣區，建設世界級城市群。2016年8月，國家發展和改革委員會印發《關於貫徹落實區域發展戰略　促進區域協調發展的指導意見》，內容提及支持廣東省會同港、澳共同編製粵港澳大灣區發展規劃。2016年11月，國家發展和改革委員會辦公廳發布《關於加快城市群規劃編製工作的通知》，內容提及2017年擬啓動珠三角灣區等跨省域城市群規劃編製。《2017年國務院政府工作報告》提及要推動內地與港、澳深化合作，研究制定粵港澳大灣區城市群發展規劃等內容。

所以，粵港澳大灣區建設，其實是參與國際灣區競爭的重要一步。此外，「灣區」這個名字在國際上比較容易被理解，例如美國人會說自己住在灣區，即舊金山灣區或紐約灣區，日本則有東京灣區，歐洲則是大倫敦城市群，這些大城市群都是國際上比較知名的。我們認為粵港澳大灣區在2016—2030年的目標就是參與國際灣區的競爭，打造國際級的灣區品牌。

粵港澳大灣區的建設是否就是城市群的建設

我們先從學術角度去研究城市群的概念。城市群並不是中國發明的，學術上早有對城市群的相關研究。通過城市群的形式進行合作有什麼作用呢？從交易成本理論看，競爭力是企業的推手，增加競爭力可通過減少外部或內部交易成本達成。在市場成本固定的情況下，誰

的成本低，誰的競爭力就高。競爭力受生產成本、供應鏈分配的效率、市場的准入以及當地的營商環境等方面的影響。

阿爾弗雷德·馬歇爾（Alfred Marshall）在1890年總結了產業區的六個特點：①與當地社區同源的價值觀系統和協同的創新環境；②生產垂直聯繫（供應鏈和客戶上下游）的企業群體；③最優的人力資源配置；④產業區理想的市場——不完全競爭市場；⑤競爭與合作並存；⑥富有特色的本地金融系統。粵港澳大灣區除了「不完全競爭市場」這個特徵可能沒有之外，另外五個特徵我們都能夠找到。馬歇爾把地區工業在產業區的集聚歸結為企業追求外部規模經濟，即企業層面的規模報酬不變、社會層面的規模報酬遞增，並且指出這種外部經濟給集聚企業帶來如下幾個方面的好處：①技術的外溢；②提供一個專業技術工人共享的勞動市場；③提供共享的中間投入。馬歇爾從新古典經濟學角度，通過研究工業組織各種生產要素，間接證明了企業為了追求外部規模經濟而集聚。

阿爾弗雷德·韋伯（Alfred Weber）在1909年出版的《工業區位論》中提出了集聚經濟的概念。其理論核心是在配置產業時，盡量降低成本，尤其是把運輸費用盡量降到最低，以實現產品的最佳銷售。韋伯認為產業集聚的一般原因是多個工廠集中在一起與各自分散時相比，能給各工廠帶來更多的收益和節省更多的成本，所以工廠有集中一起的願望。集聚之所以能夠給工廠帶來收益或節省成本，又有多種原因，如專門的機器修理廠、距離近的原料供應點、大規模的勞動市場、公用設施、道路等都有助於生產成本的節約。

韋伯把產業集群歸結為四個方面的因素：第一個因素是技術設備

的發展。隨著技術設備專業化的整體功能加強，技術設備相互之間的依存會促使工廠地方集中化。第二個因素是勞動力組織的發展。韋伯把一個充分發展的、新穎的、綜合的勞動力組織看作一定意義上的設備，由於其專業化，因而促進了產業集群化。第三個因素是市場化因素。韋伯認為這是最重要的因素。產業集群可以最大限度地提高批量購買和出售的規模，得到成本更為低廉的信用，甚至「消滅中間人」。第四個因素是經常性開支成本。產業集群會引發煤氣、自來水等基礎設施的建設，從而減少經常性開支成本。韋伯還從運輸指向和勞動力指向兩個不同的途徑分析產業集群能夠達到的最大規模。那時的勞動市場和我們今天說的其實是一樣的，只不過當年可能是普通的工人，今天是一些掌握知識的工人。然後公共設施、道路等都有助於成本的節約。

羅納德・H. 科斯（Ronald H. Coase）在 1937 年提出交易成本理論，並用它來分析組織的界限問題。其目的是說明，企業或其他組織作為一種參與市場交易的單位，其經濟作用在於把若干要素的所有者組織成一個單位參加市場交換，這樣將減少市場交易者單位數，從而減少信息不對稱的程度，有利於降低交易費用。科斯運用交易成本理論較好地解釋了產業聚集的成因。他認為，由於產業集群內企業眾多，可以增加交易頻率，降低區位成本，使交易的空間範圍和交易對象相對穩定，這些均有助於減少企業的交易費用。同時聚集區內企業在地理位置上接近，有利於提高信息的對稱性，克服交易中的機會主義行為，並節省企業搜尋市場信息的時間和成本，大大降低交易費用。降低成本，使交易的空間範圍和交易對象相對穩定，這個也就是今天所

謂信用合作夥伴和長期合作夥伴。這些東西都降低了企業的交易費用，而且也有利於信息對稱，從而增強了企業的競爭力。

巴格納斯科（Bagnasco）在1977年首先提出新產業區的概念，認為新產業區是具有共同社會背景的人們和企業在一定自然地域上形成的「社會地域生產綜合體」。他首次對義大利東北部（他稱之為「第三義大利」）的集群型產業模式進行了研究。

第一，小型甚至微型企業佔有絕對優勢。當時平均工業企業從業人數僅為9人，50人以下的小企業占企業總數的98%，是典型的小企業空間體系。第二，以傳統的勞動密集型工業為主體，專業化生產程度很高。每個企業只生產一兩種產品或只從事某一環節的生產和加工，企業間橫向和縱向協作均十分密切。傳統工業（如製鞋、服裝、皮包、家具、瓷磚、樂器、食品加工等）以及為其提供機械設施的工業佔有絕大多數的市場份額。第三，擁有高度集中的企業集群型產業區。根據義大利國家統計局的評判標準，全義大利專業集群地有199個，主要集中在北部、中部和亞德里亞海沿岸，其中的80%分佈在人口不到10萬人的小城鎮或村落。義大利中部的企業集群地共有126個，占總數的71.4%，北部有42個，南部有15個。如威尼托大區的服裝加工業和家具製造業、托斯卡納大區的毛紡業和陶瓷業、艾米利亞－羅馬涅大區的皮革業、馬爾凱大區的製鞋業都是各自區內最普及的產業。

馬克·格蘭諾維特（Mark Granovetter）在1985年提出社會鑲嵌問題，這也是和城市群發展有關係的。他說現代市場中各種社會因素對「經濟行動」發生著主要的影響甚至是決定性的作用。他還用「關係性嵌入」與「結構性嵌入」來說明經濟活動在社會結構中的嵌入性。

他認為，所謂「關係性嵌入」是指經濟行動者嵌入個人關係之中，而「結構性嵌入」則指許多行動者嵌入其中的更為廣闊的社會關係網絡。「嵌入」概念的引入和運用一方面說明經濟活動對社會關係和社會結構的依賴，另一方面說明社會關係和社會結構對經濟活動的制約。同時，還可以看出社會關係和社會結構作為經濟活動可以動員的一種資源，構成了企業可以利用的社會資本。把格蘭諾維特的論述用於產業群分析，產業群所累積的社會資本對產業群有正面作用。

保羅・R. 克魯格曼（Parl R. Krugman）在 1991 年用新經濟地理學研究了集聚模式的好處。他認為一個國家或區域為實現規模經濟而使運輸成本最小化，從而使得製造業企業傾向於將區位選擇在市場需求大的地方，但大的市場需求又取決於製造業的分佈。所以，「中心—邊緣」模式的出現依賴於運輸成本、規模經濟與國民收入中的製造業份額。新經濟地理學的核心思想是報酬遞增、運輸成本與要素流動之間相互作用所產生的向心力導致兩個起先完全相同的地區演變成一個核心與周邊的產業集聚模式，其中的關鍵是保持對勞動力流動的高度彈性。模型的結構內容是兩個地區與兩個部門。兩個地區最初是完全相同的，兩個部門分別是報酬遞增、產品具有差異性的製造業與報酬不變、產品同質的農業部門。其中兩個部門使用的生產要素都是勞動力，同一地區內的農民不能向製造業部門流動，反之亦然；但製造業部門的工人卻可以跨地區在同一部門內流動。新經濟地理學的產業群模型是基於以下事實：企業和產業一般傾向於在特定區位空間集中不同群體，不同的相關活動又傾向於集結在不同的地方，空間差異在某種程度上與產業專業化有關。這種同時存在的空間產業集聚和區

域專業化的現象，是在城市和區域經濟分析中被廣泛接受的報酬遞增原則的基礎。

關於產業集聚的成功案例，不得不提安納利·薩克森寧（Annalee Saxenian）在 1994 年出版的《區域優勢：矽谷和 128 公路地區的文化與競爭》。矽谷的競爭力在於公司間網絡持續的互動，隨著勞力的交流，包括正式與非正式的、經濟與社會的互動等，在信息充足的環境下促進這些互動的產生。相反，在 128 公路地區中的廠商則多以滿足自我需求為考慮，並不參與促進區域創新能量產生的活動，導致區域發展的沒落。矽谷在一個開放和彈性的體系下更加強調人才的自由流動、創新知識的分享、產業間的密切合作與策略聯盟，是一個新興的以創新為導向的多元化社會。從薩克森寧的研究中發現，一個產業群的成功，創新及人才的自由流動十分重要。社會的網絡也包括知識的共享，我們稱為社會資本。在美國的矽谷有一個非常好的說法：投資科技失敗是正常的，很多東西都會失敗，但是你不需要老是為這個失敗悲哀，因為如果這些人不走的話，這些人累積的經驗就成為社會資本，下一次再創業。矽谷就是這樣的，早期做半導體，有些人發了財，有些人沒做成功，不成功的人去另外的人那裡打工，打完工他又出來創業，創業又有可能成功，又有可能失敗，失敗了他再回去打工，然後再出來創業，成功的人會把錢拿出來再投資其他人的創業，這樣就形成一個很好的生態圈。今天矽谷已經做到這一點，現在深圳其實也正在做這件事情，你只要把這些人連在一起的話，社會資本可以達到一定的累積。

邁克爾·E. 波特（Michael E. Porter）在 1990 年提出鑽石理論模

型，說一個國家的競爭優勢，就是有需求條件，有相關及支持的產業，通過企業的戰略結構以及同業的競爭，最後抓緊機會結合力量，包括政府也在裡面扮演角色，最後形成整個國家的競爭優勢。其實還是不斷重複，一個是提高生產力，另一個是提升專業化，因為集中了以後就容易有一些經驗和知識的累積，能夠把整個產業的專業化提高。波特所說的產業集聚三大支柱，即營商環境、地理位置和如何創造價值，產業在生產和服務之間如何互相關聯，互相創造價值。應用到大灣區之上，就是要有這三個東西才會形成產業集群。大家不要認為，只有中國才喜歡搞工業區、高新區，只有計劃經濟下的國家才會搞工業園區。其實國外不少政府也會推動產業群建設，就像愛爾蘭等北歐一些國家也是積極打造產業群，非洲的埃塞俄比亞也和中國一起搞工業園。有些產業群是企業自發形成的，例如矽谷的高新產業集群；有些產業群是政府推動形成的，例如政府給高新企業特別政策、稅務優惠和土地使用優惠等，以吸引產業鏈內的不同企業，尤其是龍頭企業的進駐，慢慢形成產業集群。

亞洲發展銀行（Asian Development Bank，簡稱 ADB）委託澳大利亞政府做了一個研究報告《21 世紀有競爭力的城市》，內容提及城市群經濟發展，重點就是說通過城市群去扶持一些最具增長的產業區，這個跟我們想像中的自由經濟好像不一樣。根據它的論述，城市產業群能促進經濟發展，從而增加就業，加快新企業的成立，甚至減少貧窮。

這份報告為城市群發展提出了一個七大要素的方法論。第一，檢視國家經濟及市區的發展策略，決定城市群的範圍。第二，評估每個

城市的競爭力。第三，評估各個產業的競爭力。第四，利用產業群的架構還有地圖信息系統去製作一個產業地圖。第五，評估產業群的競爭力及劣勢。第六，準備一些計劃。第七，執行。其實這些內容跟中國的國家發展和改革委員會要做的事情差不多。澳洲政府原來雖然是奉行自由經濟主義，但是他們對城市群發展的看法，其實和中國是一致的。所以，我們千萬不要迷信「市場化」，即使西方國家也注意到要用科學的方法去發展城市群，不能單單相信市場這一無形之手，市場也會有失靈的時候。我們相信，學習不同的城市群理論，能更好地幫助我們研究粵港澳大灣區的建設和發展。

粵港澳大灣區與世界其他灣區有何差異

成功的區域就是貿易的產業群、創新的人才、互聯的基建和良好的政府管制，這些其實並不新鮮。要理解粵港澳大灣區的實力，大家不妨先與世界其他灣區進行一些比較。

紐約灣區，又稱為紐約大都市區，是由紐約州、康乃狄克州、紐澤西州等 31 個州市組成，面積為 33,484 平方公里。它一直是美國最大的商業貿易中心，也是世界最大的國際金融中心。它的特點是設有曼哈頓灣、南街灣兩大港口。它是美國第一大港口城市和重要的製造業中心，在服裝、印刷、化妝品等行業位居首位，在機器、軍工、石油和食品加工等方面也有重要地位。第一次世界大戰時，它是美國東岸的一個主要港口，負責把這些物資運去給英國和法國，所以從那個時候開始它就成為一個很大的港口，而且它周邊也有一些重要的製造

業中心。紐約灣區除了是港口和金融區之外，在創意文化方面也是非常強的，很多頂尖的設計師都是以紐約作為他們的總部。紐約灣區以美國10%的人口和0.3%的土地創造美國約33.3%的製造業產值，擁有世界500強企業超過60家。在規劃上，以曼哈頓為紐約灣區的核心，以金融商務服務業為主導產業集群的發展模式，以華爾街為中心的金融貿易集群，以第五大道為中心的商業區和新舊城區有序替換，原來的碼頭倉庫成為寫字樓，商業區域向外擴張。

舊金山灣區是美國西海岸加利福尼亞州北部的一個大都會區，主要城市包括舊金山半島上的舊金山、東部的奧克蘭和南部的聖荷西等。它的產業包括專業科技服務業、信息業與其他服務業、計算機系統設計及相關服務和科技研發。它還是世界上最重要的高科技研發中心之一，擁有美國第二多的世界500強企業總部，是美國西海岸最重要的金融中心。它以700多萬人口貢獻了美國5%的GDP。它也是創意的「源頭」，除了科學創意之外，還是美國傳統文化的創意中心。

東京灣港口群地處日本本州島南部海灣，為房總半島和三浦半島所環抱，以浦賀水道連接太平洋。明治時代其工業沿東京灣西岸的東京和橫濱之間發展，成為京濱工業帶。第二次世界大戰後，這個工業區開始沿岸向東北擴展，成為京葉工業地域，是日本發展加工貿易的「心臟地帶」。它包括一都三縣（東京都、千葉縣、神奈川縣、琦玉縣），擁有多個港口（東京港、千葉港、川崎港、橫濱港、木更津港、橫須賀港），是日本的政治、經濟和產業中心。因為它有非常大的工業地帶，尤其是重工業和化工，所以它能以日本33%的人口和2.6%的土地創造超過日本經濟總量66.7%的工業產值，這個實在是驚人的

數字。它依託重化工業和海運物流業，建立世界規模的產業中心，通過政府的政策引導和市場調節，建立產業在整個都市圈的聯動格局。日本真正的產業基本上就集中在東京灣區，在東京灣岸有京濱、京葉兩大工業地帶，是全國最大的重工業和化學工業基地。

如表1.1所示，將粵港澳大灣區同其他灣區進行比較，在占地面積方面，粵港澳大灣區是最大的，有5.6萬平方千米，人口也是最多的，不過目前粵港澳大灣區的GDP在世界上公認的四大灣區中排名第3。在人均GDP上，粵港澳大灣區還有大幅提升的空間，因為東京灣是其2倍，紐約灣區是其2.3倍，舊金山灣區更是其5倍。不過在貨櫃的吞吐量方面，粵港澳大灣區則比其他灣區領先，機場旅客吞吐量也比其灣區高很多。但粵港澳大灣區的第三產業的比例是相對較低的。世界500強企業總部的數量，現在粵港澳大灣區有16個。

表1.1　　　　2015年全球四大灣區指標數據對比[①]

指標	粵港澳大灣區	東京灣區	舊金山灣區	紐約灣區
占地面積（萬平方公里）	5.6	3.68	1.79	2.15
人口（萬人）	6,671	4,347	715	2,340
GDP（萬億美元）	1.36	1.8	0.8	1.4
人均GDP（萬美元/人）	2.04	4.14	11.19	5.98
港口貨櫃吞吐量（萬$_{TEU}$）	6,520	766	227	465

① 數據來源：中國指數研究院。

表1.1(續)

指標	粵港澳大灣區	東京灣區	舊金山灣區	紐約灣區
機場旅客吞吐量（億人次）	1.75	1.12	0.71	1.3
第三產業比重（%）	62.2	82.3	82.8	89.4
世界500強企業總部數量（個）	16	60	28	22
代表產業	金融 航運 電子 互聯網	裝備製造 鋼鐵 化工 物流	電子 互聯網 生物	金融 航運 電腦

目前，粵港澳大灣區占全國面積不到1%，人口數量不到5%，但是創造全國GDP的13%。2017年12月11日，由香港貿易發展局（簡稱香港貿發局）主辦的首屆「創智營商博覽會」上，中信銀行（國際）有限公司經濟師兼研究部總經理廖群博士，就從戰略角度分析了粵港澳大灣區的形成和意義。他預測，粵港澳大灣區的GDP於2030年能達到4.62萬億美元，將成為世界GDP總量第一的灣區。

在未來新經濟形勢下，傳統的造船、造車和煉鋼等，不一定再是經濟增長的火車頭，未來市場所需要的是更多的創新產品和更好的服務體驗。今天，我們在世界上再去看產業的時候，真正領先的產業大部分是跟科技有關的，而那些傳統的製造業正在沒落。粵港澳大灣區的近期目標是經濟總量超過東京灣區，但是我們的發展模式不一樣，東京灣區的發展是從明治維新時期就開始的，而當下我們面臨的是全

然不同的發展階段和經濟格局，因此我們要以更加創新的精神，全面推動粵港澳大灣區的發展。

粵港澳大灣區建設領導小組已經成立，由中共中央政治局常委、國務院副總理韓正擔任建設領導小組組長，香港特別行政區行政長官、澳門特別行政區行政長官和廣東省省長等人是領導小組成員。2018年8月15日，粵港澳大灣區建設領導小組在北京召開了第一次會議。韓正在會議上強調，要充分發揮粵、港、澳綜合優勢，深化內地與香港、澳門合作，建設富有活力和國際競爭力的一流灣區和世界級城市群。韓正表示，粵港澳大灣區建設要重點把握四個維度：①推動高質量發展；②深化改革，擴大開放；③優化區域功能布局；④豐富「一國兩制」實踐。

韓正表示，「一國兩制」是保持香港、澳門長期繁榮穩定的最佳制度。推進粵港澳大灣區建設，必須在「一國兩制」框架內嚴格依照憲法和基本法辦事，堅守「一國」之本，善用「兩制」之利，做到三個有機結合：①把堅持「一國」原則和尊重「兩制」差異有機結合起來；②把中央依法行使權利和特別行政區履行主體責任有機結合起來；③把全面推進依法治國和維護特別行政區法治有機結合起來。要進一步建立互利共贏的區域合作關係，支持香港、澳門融入國家發展大局，為港、澳發展注入新功能和拓展新空間。要加強溝通協調，深入調查研究，積極回應港、澳社會關切，注重用法治化市場化方式協調解決粵港澳大灣區合作發展中的問題。

今天，中國經濟正由高速增長階段轉向高質量發展階段，所以粵港澳大灣區也要向著市場化及國際化發展。需要借助港、澳特區進一

步「走出去」，促進區內深度合作，以創新思維去克服各種障礙，全面發揮粵港澳大灣區的優勢。我們可以從創新協調機制、建設「灣區」品牌、加強基建互聯和促進要素流動等方面考慮，以五個戰略定位為目標：①充滿活力的世界級城市群；②具有全球影響力的國際科技創新中心；③「一帶一路」建設的重要支撐；④內地與港、澳深度合作示範區；⑤宜居宜業宜遊的優質生活圈。最後，建設粵港澳大灣區還要堅持六項原則：①創新驅動，規劃引領；②協調發展，統籌兼顧；③綠色發展，保護生態；④開放合作，互利共贏；⑤共享發展，改善民生；⑥「一國兩制」，依法辦事。

粵港澳大灣區建設可否參照紐約灣區

建立適當的區域合作機制，是研究粵港澳大灣區建設的一個重要課題。多年來，粵、港、澳三地的政府、學界和民間針對三地間的合作機制開展過不少研究，而紐約灣區等國際著名灣區的合作機制普遍被引用為參考的對象。成立於1921年的紐約與紐澤西港口事務管理局，普遍被視為區域合作機制的楷模，但其廣為當地民眾詬病的弊端卻鮮為人知。

紐約灣區雖位於同一市場內部，不像粵港澳大灣區分屬三個不同的經濟體，但區域內部的合作也非易事，而這與美國的政府體制密切相關。

美國的政府體制最大的特徵就是高度分權化和層級化。各州擁有自己的州政府和法律。在聯邦政府和州政府之下，有不同層級的地方

政府，如市、縣、鎮、區和村，以及專職管理特殊職能區的地方政府組織，如學區、公立醫院區、排水區、空氣污染控制區、機場港口區等。與我們習慣理解的不同，美國上述所有形式的地方政府之間並沒有行政隸屬關係，原則上都是高度自治的單位，而各個地方政府的轄區相互交錯，有些地方政府甚至跨市、跨州。基本上，50個州分別有不同的政府組織架構，顯得複雜而多樣。

紐約灣區跨越了三個州，是美國人口最多的大都會區域，擁有最高密度的地方政府組織和眾多分層的地方轄區，政府組織架構的複雜程度堪稱全美之最。早在20世紀60年代，學者羅伯特·C.伍德（Robert C. Wood）在考察了紐約灣區的1,400多個地方政府機構後指出，該區的治理體系比人類所能設想的或允許發生的任何情況更為複雜。

紐約灣區內這麼多個政府組織的形成，並非基於精心制定的規劃或任何頂層設計，而是在自治的原則上，根據當地的地域條件、人口和經濟規模，基於當地市民的需求和自主選擇，經歷長期演變而形成的結果。例如，隨著人口規模擴大和城市區域擴張，新的學區或其他特殊功能區便會在新的人口聚集地形成，滿足新的服務需求，地方政府機構數量因而不斷膨脹。

不過，雖是因應地區的實際發展需求而產生，如此複雜的地方行政體系卻也帶來治理的效率和公平等問題。早在20世紀初，這種治理體系便受到懷疑。不少學者和社會人士認為，這種體系雜亂無章、低效、管理成本高昂。而美國自己公布的數據也顯示，地方政府密度越低的地方，管理成本也越低。

在地方層面，隨著經濟的發展和城市功能的日趨複雜，這種地方管制體系日漸成為提升城市競爭力的障礙。在區域層面，隨著交通和資訊科技的進步，不同城市間的聯繫日趨緊密，這種複雜的管制體系使區域合作難以有效推進。

另外，紐約灣區跨越了紐約州、紐澤西州和康乃狄克州，在不同的法律體系內運作，涉及超過1,500個地方政府機構，給跨州的區域治理帶來極大挑戰。

為協調複雜而眾多的地方政府和推動區域的整體協同發展，早在一百多年前，紐約灣區內便出現了建立區域性機構的建議。最普遍的建議包括兩種：一種是將相同功能的地方政府進行整合，成為一個區域性的機構；另一種是在各種地方政府之上建立某種區域性機構，代表區域的共同利益，並賦予其超越地方政府的權利，讓其按照共同制定的區域規劃來領導和管理區域整體發展。這種模式，被美國學者稱為「制度性模式」，又稱為「超大城市模式」，即將整個區域看作一個超大城市。

20世紀70年代以前，不少制度性區域整合模式下的具體建議在紐約灣區內得到了實踐，其中有成功亦有失敗。

最廣為人知的實踐案例便是1921年成立紐約與紐澤西港口事務管理局（簡稱港務局）。港務局成立之初的目的是避免紐約州與紐澤西州之間的「破壞性競爭」，使區域港口有序建設的規劃得到落實。在之後近90年的運作過程中，其營運範圍從海港擴展到機場、隧橋、巴士、鐵路等其他交通系統，以及工業園區、科技項目、商貿設施等地產項目。

港務局可以說是美國的第一間國營企業，其運作模式頗為獨特。首先，在運作上，港務局有高度的自主權，只對兩州州長負責，其他任何政府部門、社會及政治團體均無權干涉港務局的運作，保障了港務局的運作不受各種政治力量的干擾。而兩位州長對港務局的預算有否決權，並各自任命港務局委員會 12 名委員中的 6 名（最初各委任 3 名）。同時，港務局完全自負盈虧，不能接受州政府的撥款，也不能課稅，完全依賴借貸、發行債券、收取設施使用費用、收取物業租金和出售物業等作為其營運的資金來源。這使得港務局必須從設施的效率和所提供服務的專業性出發，來考慮其所管轄的項目的發展。

　　這樣的制度設計，在某些方面是行之有效的。紐約灣區在近百年間經歷了極大的發展，聚集了全球商業巨頭，而港務局所建設和營運的設施無疑發揮了極大的作用。反過來，紐約灣區的騰飛，也讓港務局的部分基建項目大大成功，為其帶來豐厚的利潤，一度成為美國最富有的公營機構。

　　港務局的建立被不少學者視為區域合作機制的楷模。然而我們的研究顯示，港務局的經驗並非如很多中文文獻所指出的只有成功的一面，由於存在不少弊端，當地民眾多年來一直有呼聲要求改革，甚至要求撤銷港務局。

　　對港務局的質疑之一，是其作為公營機構卻未能充分發揮公共服務的功能。港務局在設施建設和營運上完全自負盈虧，因此對無利可圖的項目非常謹慎。例如，連接紐約和紐澤西的林肯隧道巴士專線就由港務局營運，是全美最繁忙、效率最高的公交專線。不過，為了節約營運管理的成本，該專線自 1971 年開通至今，僅在上午 6~10 點的

高峰時期開放。儘管飽受爭議，港務局依然不為所動，不願延長開放時間。而港務局所營運的路橋、機場、隧道等設施亦被指收費太高，但因這些設施屬壟斷性質，市民別無其他選擇。例如，港務局營運的紐華克自由國際機場，便被航空公司投訴飛機起落費用比波士頓、舊金山等地的機場收費貴兩倍以上。在港務局的發展史上，這類為了商業利潤而削弱其公共服務功能的事例並不少見。

目前，紐約灣區內不少基建設施均出現不堪重荷的狀況，迫切需要更新舊設施、建設新設施。無疑，不少項目需巨大投資，且未必能盈利。港務局作為區域公營機構，卻過度強調盈利，未能從公共利益的角度充分發揮功能，因而廣受民眾詬病。而港務局員工的薪酬和養老金普遍高於市場水準，也被批評為「自肥」。

然而，這些現象的出現，並非僅僅是由於港務局太貪婪。事實上，港務局在制度設計上存在根本的缺陷，而其目前的經營狀況也限制了其改善服務質量和提供新設施的能力。

對港務局的質疑之二，是其作為區域協調發展機構，能否避免城市本位思維和做到從區域發展大局出發等問題。港務局對兩位州長負責，而幾十年來兩州之間角力不斷，港務局自然也身陷漩渦。由於兩位州長均有權否決港務局的預算，而基本上不可能每個建設項目都能讓兩個州均衡獲益，因此，要建設一個對紐澤西州較為有利的項目，必須搭上另一個對紐約州更為有利的項目，而且規模和級別必須匹配，才能得到落實，反之亦然。多年來，港務局的每個項目均是如此。

例如，當初港務局計劃在曼哈頓建世貿中心雙子塔，但該項目對紐約州無疑更為有利，因此遭到紐澤西州的反對。項目拖了數年，直

到 1962 年港務局同意收購瀕臨破產的哈德遜與曼哈頓鐵路公司（Hudson & Manhattan Railroad，簡稱 H&M），後更名為紐新航港局過哈德遜河捷運（Port Authority Trans-Hudson，簡稱 PATH），項目才得以實施。

PATH 常年巨額虧損，僅 2015 年就虧損超過 3.5 億美元。而世貿中心雙子塔項目在「9/11 事件」中被撞毀，港務局不得不投入巨資重建，亦帶來了巨額虧損。從港務局的年報可以看到，港務局旗下有 6 個虧損項目僅 2015 年一年內便有近 8 億美元的虧損。扣除虧損，港務局當年仍盈餘 6 億~7 億美元，表面上看收入頗豐，以致很多研究者認為港務局財力雄厚。但事實上，港務局目前身負 210 億美元的債務，我們估計主要是多年來為支持建設而發行的債券，必須在未來逐步償還。因此，港務局近年來已無力為紐約灣區更新舊設施或建設新設施，連改善現有服務業也必須在經濟上步步為營。

PATH 虧損的原因，主要是該線路為不少勞工提供了廉價的跨州通行設施，港務局迫於政治壓力不能加票價。所以，為了補貼類似的虧損項目，港務局便大幅提高旗下其他設施的收費。例如，其所建橋樑的過橋費從 2008 年的 8 美元，大幅上升至 2016 年的 15 美元。前文所述港務局的機場收費高昂，用來補貼虧損也是其中原因。

為了平衡兩州利益，港務局幾十年都採取這種「一拖一」的項目發展模式，使港務局參與或建設了不少從區域整體來看並不高效的項目，導致引來大量批評。學者杰拉爾德・本杰明（Gerald Benjamin）就為此指出，港務局區域整體發展效率早已讓位給兩個州的公平利益。

然而，作為一個跨州的公營機構，港務局必須兼顧兩個州的利益

均衡。任何有損公平的項目，必然會遭到其中一個州長否決，因為州長必須為其州內的選民負責。這一矛盾，從其制度設計上就已經決定了，基本無解。

另外，港務局董事會和領導層由兩個州各任命一半，導致其領導層常常因兩州之間的爭議而陷入分裂狀態，大大影響了運行效率。有些區域總體最佳，但對個體未必最為有利的項目就很難實現。而且，州長直接受到各自範圍內政治勢力的影響，這種影響自然也傳遞到港務局的決策中。因此，當初設計成立港務局時，意圖使其免受各個政治團體干涉的初衷就未能完全實現。

甚至，港務局在某些時候淪為了政治報復的工具，發生在2013年9月的「華盛頓大橋醜聞」便是一個例子。當時的紐澤西州州長克里斯·克里斯蒂（Chris Christie）為懲罰不支持其連任的利堡市市長馬克·索科利希（Mark Sokolich），秘密下令港務局內由其任命的高層人員，關閉了華盛頓大橋三條向東行的車道中的兩條，借口是「交通研究」，從而導致利堡市交通大混亂，幾天後才重開。這個醜聞被揭露後，港務局的信譽受到了根本性的打擊，要求撤銷該局的呼聲再次響起。

然而，儘管有種種弊端，多年來改革或撤銷港務局的建議一直未能落實。究其原因，就在於港務局控制了紐約灣區內大量的交通命脈，又欠有巨額債務，牽一發而動全身，任何改革都影響多方利益，因此被認為是在非金融領域「太大而不能倒」的典型案例。目前，紐約灣區內針對港務局改革的討論不少，其未來的發展還有待觀察。

在港務局之後，紐約灣區內亦有幾次建立跨州的區域協調機構的

嘗試，但均不成功。例如，1956年，由紐約灣區內的三個州共同成立的大都會區域協會（Metropolitan Regional Council，簡稱MRC）。MRC由三個州的政府官員組成，目的是解決區域性問題和推動區域合作。20世紀50年代末，MRC在法律上得到了三個州政府的共同認可，成為制定區域政策和推動政府間協調的組織，當時該事項被視為區域發展機制的重大里程碑。

然而，MRC在引導區域發展方面並未能真正發揮作用，它所制訂的區域合作協議未能得到灣區內很多重要的地方政府和小區組織的認可。前文提到，美國的地方政府組織高度自治，互相之間並沒有行政隸屬關係。MRC雖得到三個州政府的認可，但不少地方政府擔心這類區域合作機制會損害地方的自治權，因此拒絕參與到MRC制訂的合作協議中。因此，MRC始終有名無實。

在MRC這種跨州的合作機制外，紐約灣區內的三個州亦曾在各自的轄區內實踐過這種建立跨境機構來協調發展的模式。例如，20世紀60年代，紐約州內部的12個縣及幾個區聯合成立了大都會運輸署（Metropolitan Transportation Authority，簡稱MTA）及城市發展公司（Urban Development Corporation，簡稱UDC），前者主要處理州層面的交通問題，後者則處理城市更新和發展問題。

這兩個機構至今仍然在運作，但對其成敗的評價一直頗有爭議。例如，UDC後來演變為一個提供住宅、工商業建築和公共設施的機構，但在1975年和2007年兩次瀕臨破產，要靠政府挽救才勉強維持下去，因此備受質疑。而MTA目前主要營運紐約州內的部分巴士線路、鐵路和路橋設施，但被不少學者質疑其運行已經偏離了成立之初

所設想的推動區域協同發展的綜合性功能，變成了功能單一的營運組織。學者約翰・貝博（John Bebout）在1970年便批評這兩個機構是不成熟的、未整合的、應急式的、功能有限的區域機制。

　　總體上看，制度性的合作模式在紐約地區的實踐有成功也有失敗，而成功的一面並不佔上風。所以，從20世紀70年代開始，紐約灣區為推動區內跨州的合作，轉向了一種新的合作模式，即政策性合作模式。與制度性模式不同，政策性合作模式不再依賴建立某種新的區域性機構來主導合作，而是接受現有的政府體製作為區域合作的現實基礎，通過漸進性的政策改良來解決區域性的合作問題。事實上，經歷數十年的實踐，在灣區內建立某種區域機構的建議已經難以得到政治上的支持，尤其是竭力保護地方自治權和選民利益的地方政府，對建立凌駕於其之上的官僚機構尤為謹慎。

　　如前文所述，美國複雜的地方政府組織並非規劃的結果，而是基於當地市民的需求和選擇而逐步演變出來的。無論是學區、醫療服務區、還是其他地方政府管轄區的邊界，均在一定程度上代表了區內市民的選擇或認同感。學者杰拉爾德・本杰明（Gerald Benjamin）和理查德・P・內森（Richard P. Nathan）便在其2001年出版的《區域主義與現實主義》一書中指出，儘管社會普遍認同區域合作能帶來整體效率和競爭力的提升，甚至某些問題必須在區域層面才能解決，但地方主義在一定程度上也代表了市民的價值和身分認同，在倡導區域合作時並不能忽視。建立新的區域機構來整合紐約灣區區域管制權利，並非一個現實的解決辦法。可見，紐約灣區對制度性區域合作模式的抵制，並非是出於對區域整體利益的否定，而是基於灣區內的政治

現實。

　　政策性合作在紐約灣區內的實踐方式較為多元，其中一種便是「功能性合作」。基本上，不同的公共服務功能，對區域層面的整合程度有不同的要求。如環保對區域整合的要求較高，在越大的區域範圍內來協調，其效率會越高；而醫療、教育、小區服務等功能卻比較地方化，不一定要求在區域層面來整合。功能性合作就是針對某種具體的公共服務功能，如交通、供水、或污水處理等功能，甚至就某個具體的項目，如建設一座跨轄區的橋樑等，分析其跨境合作的具體需求，然後通過相關的幾個轄區的政府合作，找到現實的解決辦法。

　　政策性合作的另一種方式是「城市間合作」。合作在城市的層面來開展，而不是在幾個州之間進行。兩個及其以上的城市就某個具體的目標（如提供某種服務或解決某個問題）達成某種協議或安排。

　　上述兩種方式的政策性合作，無疑缺乏全局性、整體性和多功能性，用我們的話來說「缺乏頂層設計」，但卻具有實用性、漸進性，對地方轄區的價值和利益衝擊較小，在紐約灣區的政治現實下更容易得到實現，因此逐漸成為其區域合作模式的主流。

　　簡而言之，從理想主義的角度，每個地方都應該放棄地方本位，從更大的區域來全局思考，這樣才能達到整體效率的最大化和整體競爭力的最優化。

　　對粵港澳大灣區而言，因涉及「一國兩制」，又分屬三個不同經濟體，且粵、港、澳三地在經濟中扮演的角色差異巨大，情況遠比紐約大灣區更為複雜。不少專家學者建議在粵港澳大灣區內建立類似港務局這樣的區域合作機構，但如何避免港務局目前的種種弊端，讓其

充分發揮效用，還值得進一步探討。

同時，粵港澳大灣區是否應仿照紐約灣區目前這種實用性的政策性合作模式？我們並沒有答案。比起紐約灣區，粵港澳大灣區情況更為複雜之餘，也更為強調「頂層設計」和「區域規劃」的功能，這與紐約灣區基於市場自發演變的特徵有明顯的區別。鑒於上述種種特點，如何設計粵港澳大灣區的區域合作機制，恐怕還需從本身的情況出發，難以照搬其他灣區的經驗。

粵港澳大灣區建設有何重大機遇

20世紀90年代中期以來，由於國際政治經濟格局發生巨大變化，市場全球化得以確立。建立在市場化基礎之上的經濟全球化程度日益加深，使得經濟要素在全球範圍內進行空間擴散，這導致新的國際勞動地域分工形成，產業的升級和重組以及空間轉移是必然趨勢。

進入21世紀後，經濟全球化加速進行，全球化所導致的產業轉移，或者被迫進行的結構調整和產業空間重組已經成為影響當代城市發展的主導因素，對中國的國際分工和區域分工格局產生巨大的衝擊。這種衝擊對中國的區域和城市發展產生了很多新的影響，這些新的因素正在重構中國的經濟格局。

一般認為，「全球化」一詞最初是由經濟學家西奧多·萊維特（Theodore Levitt）於1985年提出的，他用這個詞形容國際經濟的巨大變化，即商品、服務、資本和技術在世界性生產、消費和投資領域的擴散，他所說的全球化側重經濟全球化。國際貨幣基金組織（International Monetary Fund，簡稱 IMF）認為，經濟全球化是指跨國商品與服務貿易及資本流動規模和形式的增加，以及技術的廣泛迅速傳播使世界各國經濟的相互依賴性增強。經濟合作與發展組織（Organisation for Economic Co-operation and Development，簡稱 OECD）在 1990 年也使用了「經濟全球化」這一概念，主要指生產要素以空前的速度和規模在全球範圍內流動，以尋找適當的位置進行最佳配置。但是，迄今為止，經濟全球化尚沒有一個普遍接受的權威性定義，各國學者從不同的學科角度和視角對這一概念進行了詮釋。但無論如何，經濟全球化主要表現在以下幾個方面：一是生產全球化，把各個生產部分重構在一個全球生產網絡之中，由跨國公司重構和整合的全球生產體系的形成和運行，有助於在全球範圍內實現最佳的分工組合和資源的最優配置；二是貿易全球化，世界貿易增長速度超過歷史上的任何時期，發展中國家的貿易規模和地位在不斷增強，亞洲、拉美和美洲等新興市場正在迅速崛起；三是投資全球化，隨著跨國公司發展，對外直接投資快速發展，投資規模迅速增大。

此外，很多學者認為對外直接投資和國際貿易仍是主要的載體，由跨國公司大規模對外直接投資形成的全球生產網絡是經濟全球化的主要標誌。跨國公司是經濟全球化的主要組織者，它組織和構建全球性的生產和銷售網絡，把各國之間的國際分工變成其公司的內部分工，並且面向全球市場。因此，在跨國企業、國際組織、金融投資者和新自由主義者的推動下，全球化已滲透到社會各個領域。世界各個城市按照全球產業分工體系，參與產品的設計、零部件製造、組裝和銷售等，並吸收接納不同地區的文化。

特別是現代資訊科技的推廣，使地理空間對經濟發展和文化擴散的阻礙大大減弱，城市參與全球產業分工的深度和廣度得到極大的提升，相互間的經濟、文化交流日益頻繁。

現在，中國正在引領新一輪全球化進程。而什麼是新的全球化？理解這種新的變化需要瞭解它出現的時代背景。回顧歷史，世界總體經歷了三次全球化浪潮（見表1.2）。

表1.2　　　　　　三次全球化浪潮概況及特徵[1]

全球化浪潮	革命性技術	代表國家	特徵
全球化1.0	航海技術	葡萄牙等	軍事掠奪
全球化2.0	蒸汽機技術	英國等	軍事殖民
全球化3.0	資訊科技	美國等	主導世界經濟及貿易規則

16世紀以前，人類受制於落後的通信、交通等技術以及生產力水準的約束等，全球化還未具備產生的物質基礎，世界各地相對處於孤立、分割的狀態。16世紀以後，隨著各種技術尤其是航海技術的快速發展，葡萄牙、西班牙、荷蘭等國開始重視開闢新航路和新商路，這些國家通過戰爭掠奪和殖民地經濟與世界其他地區發生了直接的經濟聯繫，暴力地催生出經濟全球化的萌芽，這是第一次具有近代意義的全球化進程，即全球化1.0，也可稱之為「葡萄牙模式」，其特徵為軍事掠奪。

---

[1] 張可雲，蔡之兵. 全球化4.0、區域協調發展4.0與工業4.0——「一帶一路」戰略的背景、內在本質與關鍵動力 [J]. 鄭州大學學報（哲學社會科學版），2015（3）：87-92.

第二次全球化進程始於英、美等國先後發起的工業革命，18世紀到20世紀，英、美等國完成工業革命後，軍事殖民成為這些國家對外擴張的主要手段。在這個進程中，世界主要區域或大量資源基本被資本主義列強瓜分殆盡，資本主義世界體系最終得以確立並發展壯大，由其主導的所謂「利伯維爾場體系」最終成型，這是第二次全球化進程，即全球化 2.0，也可稱之為「英國模式」，與第一次如出一轍，其特徵為軍事殖民。

20世紀中後期，隨著資本主義國家內部矛盾的不斷調和及「冷戰」的推動，殖民地在解放運動中一一走向獨立，宣告了全球化 2.0 的終結。歷史表明，僅僅通過軍事力量強迫搭建起來的、以踐踏他國主權和利益為代價的全球化經濟體系無法長久維持。因此，以美國為首的西方發達國家開始通過構建全球性的經濟、貿易和金融合作組織來主導第三次全球化進程。世界三大經濟組織——世界貿易組織（World Trade Organization，簡稱 WTO）、世界銀行（World Bank，簡稱 WB）和國際貨幣基金組織（International Monetary Fund，簡稱 IMF）的產生與發展標誌著經濟全球化從無序狀態邁向體系化和制度化，即全球化 3.0，也可稱之為「美國模式」，其特徵主要是西方發達國家主導全球化的經濟及貿易運行規則。

在全球化 3.0 背景下，20世紀70年代以來，發達國家的經濟結構調整和產業擴散引發了日趨增強的經濟全球化，發達國家經濟體系中傳統製造業部分逐步轉移到發展中國家，形成以跨國投資為基礎的全球生產網絡。此後，「冷戰」結束為全球範圍內東西方國家之間的經濟社會和人員交流掃除了障礙，使在全球範圍內實現不同區域的勞動

分工成為可能。而且，現代資訊科技、交通和通信技術的快速發展不僅帶來了新的企業組織方式，使在全球範圍內組織生產成為可能，而且也使世界各地企業之間的相互聯繫更加緊密，即出現了所謂的「時空壓縮」現象。

總體來看，全球化 3.0 為發展中國家提供了更多吸引外資的條件和機會，有助於解決發展中國家在經濟建設過程中遇到的資本不足等問題。經濟全球化也帶動了世界範圍內經濟技術開發區、保稅區和自由貿易區等多種形式自由經濟區的發展，而這些經濟區不僅成為吸引外資的「載體」，而且對解決這些國家的就業問題發揮了積極作用。以中國為例，在全球化 3.0 的浪潮下，通過不斷改革和對外開放，大致經歷了四個階段：第一階段，1979—1983 年粵閩開放和特區試點；第二階段，1984—1991 年東南沿海地區對外開放；第三階段，1992 年鄧小平發表南方談話後，從沿海向內地擴大開放；第四階段，2001 年以加入 WTO 為標誌的全方位對外開放。通過持續的試點和全面開放，中國接納了為數眾多的以外商直接投資為體現的全球產業轉移，積極促進對外貿易的高度發展，從一個國際貿易無足輕重的國家成為世界第二貿易大國。目前國外很多學者和輿論認為中國已經成為「世界工廠」和「世界製造基地」。

儘管前三次全球化浪潮的方式有所不同，但都存在一個共同點——不平等，這種不平等體現在參與國的地位、發展和利益皆不平等：一是參與者在制定全球經濟、貿易等規則時的權力地位不平等；二是在雙邊的往來過程中，後發國家往往受制於西方國家制定的運行規則，在經濟、貿易和金融交往中，必須滿足西方國家炮製的諸如政

治、環境和人權等要求，發展受到嚴重制約；三是參與者所獲利益明顯不對等且差距巨大。

在全球化1.0和2.0的進程中，不平等主要來自軍事侵略和威脅，被殖民地幾乎沒有自主利益。在全球化3.0中，雖然軍事主導作用有所減弱，西方國家不再單純依靠武力推進世界不同地區間的經濟聯繫，轉為依託自身強大的資本和市場優勢，通過對世界市場運行基本框架的設計，並單邊制定有益於自身的運行規則來整合全球資源，從而獲得最大利益。顯然，全球化3.0同樣匱乏平等，以支撐「美國模式」全球化框架的載體——美元體系為例，不僅賦予了美國在全球貿易中的霸主地位和強大控制力，使其在全球化進程中攫取了大量利益，同時也擴大了美國經濟波動對世界產生的影響。這種被單一利益主體控制的全球化進程不僅無法滿足大多數參與者的要求，同時由於缺乏對主導者的監督和約束，導致全球化3.0屢屢失衡，主導者自身的局部危機很容易轉嫁為全球性危機。

因此，在這種格局下，包括「金磚國家」在內的眾多後發國家的利益要求長期被壓抑，全球經濟體系並不和諧，全球經濟復甦緩慢，絕大部分國家迫切需要一個具有平等和共贏性質的新型全球化治理體系。相對美國經濟狀況的下滑與中國對全球經濟增長的貢獻，促使包括中國在內的眾多國家呼喚一個全新的全球治理體系。基於以上背景，「一帶一路」倡議提出的根本目的在於通過構建一種平等、互惠互利的區域合作發展模式，來推動嶄新的全球化進程，希望在促使世界經濟復興的同時也能有效化解一國內部發展的不均衡，這種思路不僅能滿足諸多後發國家對於平等利益的要求，對部分發達國家同樣也具有

吸引力。因此，「一帶一路」倡議實際是全球化 4.0 進程的先導。但對中國而言，想要在全球化 4.0 進程中取得先機，必須通過倡議的穩步實施來創建合作、平等、共贏的新型國際關係和公平、自由、務實的新型世界組織，並在適當時機推進人民幣國際化進程。

第二章

粵港澳大灣區的經濟發展歷程

珠江口地區已呈現由「單中心」向「三中心」演化、由「河口三角洲經濟」向「灣區經濟」轉變的特徵。

在改革開放初期，由於特殊的地理位置和良好的經濟基礎，珠江三角洲（簡稱珠三角）成為中國實行改革開放的實驗田。隨著一系列優惠政策的實施和對外開放程度的深入，珠三角通過吸引外資，大力發展加工業以推動經濟快速發展，經濟發展模式逐漸由計劃經濟向市場經濟轉變。

在改革開放過程中，珠三角主要利用外來技術和吸引外資發展，形成外向型經濟，以香港為主導，帶動深圳、東莞、佛山、中山等製造重地崛起。

如今，在新的歷史時期，以深圳為代表的灣區城市則呈現後來居上的發展態勢，與廣州、香港共同成為粵港澳大灣區發展的三大支柱和引擎。

粵、港、澳三地自改革開放至今的經濟發展變化

粵港澳大灣區真正的意義就是打破中國傳統的以單個城市論英雄，以單個城市比 GDP 的概念。可以認為，粵港澳大灣區建設是基於粵、港、澳各城市共識基礎上的互動策略，通過各城市互相信任、分工合作和共同進步，促進大灣區更進一步的整體發展，從而形成合力。因此，粵港澳大灣區將推動「9+2」泛珠三角區域合作向更高層次、更深領域、更廣範圍發展，其輻射半徑將延伸至東南亞國家，成為「一帶一路」的重要門戶，並推動粵、港、澳企業聯合「走出去」。

改革開放以來，珠三角經歷了村鎮工業化、城鎮工業化和大都市化三個階段，其經濟發展呈現區域一體化趨勢。在經濟全球化、「一帶一路」倡議和粵港澳大灣區建設戰略的背景下，珠三角已經成為粵、港、澳合作的深化區，在產業發展、規劃建設和資源供給等方面合作成效顯著，並依託香港和澳門，廣泛參與國際競爭和合作，國際經濟地位顯著提高。

而從粵、港、澳區域經濟合作方面來講，深圳、珠海、汕頭等經濟特區和廣州、湛江等沿海開放城市的確立，使廣東與港、澳的經濟合作空前推進，從有限的貿易聯繫進入緊密聯動的發展階段，並推動粵港澳大灣區發展成為國家綜合實力最強、開放程度最高、經濟最具活力的區域。

如表 2.1 所示，粵港澳大灣區主要經歷了三個發展階段。

表 2.1　　　　粵港澳大灣區發展階段的主要特徵及代表事件

發展階段	主要特徵	代表事件
1978—2000 年	「前店後廠」 「三來一補」 加工製造業為主 形成加工貿易鏈條	1998 年粵、港合作聯席會議制度建立，合作提上議程
2001—2013 年	「共同市場」 以服務業為主要內容 尤其在生產服務業領域中的合作不斷加強	2001 年中國加入 WTO 2003 年內地與香港、澳門特區政府分別簽署內地與香港、澳門《關於建立更緊密經貿關係的安排》（Closer Economic Partnership Arrangement，簡稱 CEPA），隨後又分別簽署一系列補充協議
2014 年至今	在跨境金融、航運物流、服務貿易等領域有更深遠的合作	2014 年粵、港、澳地區率先實現區內服務貿易自由化 2015 年國務院批准設立前海、南沙、橫琴自貿區 2017 年國家發展和改革委員會、廣東省政府、香港特區政府及澳門特區政府簽署《深化粵港澳合作　推進大灣區建設框架協議》

一、改革開放後局部開放階段（1978—2000 年）

20 世紀 80 年代，廣東借助改革開放的政策優勢，主動把握產業轉移機遇，利用廉價的土地、勞動力等生產要素優勢，與香港和澳門的資金、技術、管理經驗相結合，承接從港、澳或通過港、澳轉移來的勞動密集型產業，加速了經濟的起飛與發展。

珠江口地區形成了以大規模製造業轉移為主體，以「前店後廠」分工為形式的經濟合作模式。區域產業層次性十分明顯：香港是典型的服務型產業結構，以金融等第三產業為主；深圳以技術密集型和深加工產業為主；珠海、東莞以資本密集型和一般加工產業為主；其他

珠江三角洲地區則以勞動密集型加工產業為主。港、澳投資珠三角的多為塑料製品、玩具和五金製品等勞動密集型加工產業。當時，香港利用珠三角廉價的勞動力和土地等要素，順利完成了勞動力密集型產業的內遷，實現了從製造業與服務業並重的產業結構向服務經濟的轉型，並支撐了經濟的長期高速增長。而珠三角各市工業化的產業服務，如資本市場、生產技術、市場資訊、產品設計和市場行銷等全部需求均指向香港。香港作為「單龍頭」城市，在粵港澳大灣區經濟發展初期起到十分強大的引領作用。

這個階段之所以稱為局部對外開放，一是從地區來看，首先是從沿海城市和地區開始，然後逐步擴散到珠三角其他地區和全國。二是從領域來看，首先是直接投資市場的開放，在大力引進海外直接投資的同時，為了有利於國內本土工業的發展，對國內市場實現了不同程度的保護，特別是對一些技術含量較低、勞動密集型產業的產品的內銷市場實現了比較嚴格的限制。這也導致粵、港「前店後廠」的產業分工模式變成一種投資與貿易的制度安排。「前店後廠」的產業分工模式是一種投入和產出「兩頭在外」「大進大出」的產業分工模式和貿易模式。在這種模式中，投資和貿易是互動的，正是投資和貿易相互補充和相互促進帶動了港、澳貿易量的高速增長，使香港自由港的優勢得到了發揮，也使香港成為一個國際性的貿易、金融、物流和商貿服務中心。「前店後廠」合作模式是香港的體制、資金、市場優勢與內地包括珠三角地區的勞動力、土地等資源優勢，在內地市場局部開放條件下相結合的產物。

二、CEPA 簽署後全方位市場開放階段（2001—2013 年）

「港、澳回歸」和「加入 WTO」是在世紀之交影響中國發展的兩個重要事件，也對內地與港、澳的經貿關係產生了深遠的影響。香港和澳門成為中國的兩個特別行政區，其地位發生了根本性變化。粵、港、澳的關係由「內地—海外」關係轉變為「一國兩制」下的區域關係，所以港、澳與內地原有的經貿合作模式就很難適應政治和經濟形勢的新變化。

2003 年，內地與香港、澳門簽署 CEPA。這是在「一國兩制」和內地市場全方位開放的條件下，深化港、澳與內地經貿合作關係，充分發揮香港的自由港功能和港、澳服務業優勢的制度安排。貨物貿易自由化、服務貿易自由化和投資便利化構成 CEPA 的基本內容，這標誌著內地與港、澳地區之間的經貿關係進入一個新的歷史階段。

廣東作為 CEPA 先行先試區，積極與港、澳地區在商貿服務、物流會展、科技教育、金融服務和文化創意等產業方面展開合作。與此同時，廣東「要素稟賦」與「比較優勢」發生了變化，勞動與資源密集型產業成本提高，成本競爭力逐步下降。珠江口地區「前店後廠」分工合作形式也產生了內在變化，在產業鏈分工上「後廠」的內涵得到極大擴展。在「前店後廠」的空間拓展中，隨著設廠地點由集中一處向多處拓展，「後廠」逐步向北推進，其衍生出的「三來一補」與「三資」企業等具體合作方式發生重大變化，推動粵、港、澳經濟貿易方式發生了根本性改變。

2008 年 12 月，國家發展和改革委員會編製了《珠江三角洲地區

改革發展規劃綱要（2008—2020 年）》，以廣東省的廣州、深圳、珠海、佛山、江門、東莞、中山、惠州和肇慶市為主體，輻射泛珠江三角洲區域，並將與港、澳緊密合作的相關內容納入規劃，其發展目標是到 2020 年形成以現代服務業和先進製造業為主的產業結構，形成粵、港、澳三地分工合作、優勢互補、全球最具核心競爭力的大都市圈。這份改革發展規劃綱要的頒布和實施，有力地推動了粵、港、澳三地深化現代服務業合作的進程。

三、通過建設廣東自貿區促進深度融合階段（2014 年至今）

2014 年 12 月，國務院決定設立中國（廣東）自由貿易試驗區（簡稱廣東自貿區）。廣東自貿區涵蓋三個片區：廣東南沙新區片區（廣州南山自貿區）、深圳前海蛇口片區（深圳前海蛇口自貿區）、珠海橫琴新區片區（珠海橫琴自貿區），總面積為 116.2 平方公里。

2015 年 9 月，中共中央辦公廳、國務院辦公廳印發《關於在部分區域系統推進全面創新改革試驗的總體方案》，其中廣東被列入省級行政區之中，著眼於深化粵、港、澳創新合作。

2017 年 3 月，國家發展和改革委員會制定印發了《2017 年國家級新區體制機制創新工作要點》，其中廣州南沙新區的工作要點是深化粵、港、澳深度合作探索，推動建設專業服務集聚區、科技成果產業化平臺和人才合作示範區，引領區域開放合作模式創新與發展動能轉換等。

2017 年 7 月 1 日，國家主席習近平在「慶祝香港回歸祖國 20 週年大會暨香港特別行政區第五屆政府就職典禮」上指出，支持香港在

推進「一帶一路」建設、粵港澳大灣區建設、人民幣國際化等重大發展戰略中發揮優勢和作用。習近平主席還見證了國家發展和改革委員會、廣東省政府、香港特區政府及澳門特區政府簽署《深化粵港澳合作 推進大灣區建設框架協議》。

黨的十九報告指出，香港、澳門發展同內地緊密相連。要支持香港、澳門融入國家發展大局，以粵港澳大灣區建設、粵港澳合作、泛珠三角區域合作等為重點，全面推進內地同香港、澳門互利合作，制定完善便利香港、澳門居民在內地發展的政策措施。

粵港澳大灣區建設作為國家重要的區域發展戰略，得到了國家最高層的認可和支持。此外，「一帶一路」建設推動了粵港澳大灣區城市群在跨境金融、航運物流和服務貿易等領域更深遠的合作，共同創造新的發展空間與發展機遇。

毗鄰港、澳是廣東的區位優勢，在新的戰略下，廣東將更加突出同香港、澳門的合作，特別是加強對香港、澳門高端服務業的開放、銜接和轉移。近年來，借助香港的金融和資本市場，深圳在產業與金融相結合上已探出路子，並培育出如華為、騰訊等國內領先的科技創新企業。在城市關係上，香港自2000年起人口規模就不再居於灣區首位。2015年，深圳和廣州城鎮人口均已經超過千萬，遠高於香港770萬的人口規模。從地區生產總值上看，2017年深圳、廣州已經超越香港。在這個階段，灣區呈現由香港單中心向廣、深、港三中心演變的新發展格局。

粵港澳大灣區各城市基本經濟狀況

從經濟基礎來看，粵港澳大灣區產生了一批引領性的全球化企業，形成了多種類型的完整產業鏈，初步構建了具有較強發展能量的巨型區域「增長極」。

在表 2.2 中，從 GDP 來看，香港最高，為 22,125.7 億元人民幣；廣州和深圳次之，分別為 19,611 億元人民幣和 19,493 億元人民幣；珠海最低，僅為 2,226.4 億元人民幣。從經濟增長率來看，珠海為 9.4%；深圳為 9%；珠三角城市中肇慶最低，為 6.6%；香港由於龐大的經濟體量，僅為 1.9%；澳門出現負增長，為 -2.8%。從常住人口來看，廣州、深圳超過千萬人；澳門由於面積較小，僅有 64.7 萬人；珠三角城市中珠海最低，為 161.4 萬人。從人均 GDP 來看，澳門遙遙領先，為 47.8 萬元人民幣；其次是香港，為 28.6 萬元人民幣；深圳為 17.1 萬元人民幣，高於珠三角其他城市；江門僅為 5.3 萬元人民幣。

對比各個城市，在 GDP 方面，香港、廣州和深圳幾乎不相上下，粵港澳大灣區內最高的香港約是最低的珠海的 9.9 倍，珠三角城市中最高的廣州約是最低的珠海的 8 倍。在人均 GDP 方面，澳門約是深圳的 2.8 倍，香港約是深圳的 1.7 倍，粵港澳大灣區內最高的澳門約是最低的江門的 9 倍，珠三角城市中最高的深圳約是最低的江門的 3.2 倍。在 GDP 增速方面，珠三角城市遠高於香港和澳門。由此可見，一方面，由於珠三角整體經濟在過去幾十年得到了快速發展，發達地區與香港、澳門已經相差不大，香港、廣州和深圳帶動了整個區

域發展；而另一方面，珠三角區域發展存在較大的差距，經濟發展集中在核心地區，邊緣地區如肇慶、江門和惠州經濟發展水準較低，與中心城市差距相對較大。

表 2.2　　2016 年粵港澳大灣區各城市基本經濟狀況[①]

城市	GDP（億元）	經濟增長率（%）	常住人口（萬）	土地面積（平方公里）	人均 GDP（萬元）
香港	22,125.7	1.9	773.7	1,104.4	28.6
澳門	3,095.2	-2.8	64.7	32.8	47.8
廣州	19,611	8.2	1,350.1	7,434	14.5
深圳	19,493	9	1,137.9	1,996.9	17.1
佛山	8,630	8.3	743	3,875	11.6
東莞	6,827.7	8.1	822*（2010 年）	2,465	8.3
惠州	3,412.2	8.2	475.5	11,599	7.2
中山	3,202.8	7.8	323	1,783.7	9.9
肇慶	2,484	6.6	406	15,000	6.1
江門	2,418.8	7.4	454.4	9,503.9	5.3
珠海	2,226.4	9.4	161.4*（2015 年）	1,711.2	13.8

此外，粵港澳大灣區已經擁有世界級海港群和機場群，深圳、香港和廣州三大港口年貨櫃吞吐量均位居世界前 8，灣區內機場年旅客吞吐量接近 1.75 億人次，遠超過紐約灣區三大機場的吞吐量（見表 2.3）。粵港澳大灣區作為中國發展基礎最好、體制環境最優、整體競

---

① 香港數據來源於《香港統計年刊（2017）》；澳門數據來源於《澳門統計年鑒（2017）》；珠三角九市數據來源於各市《國民經濟和社會發展統計公報（2016）》及各市《統計年鑒（2017）》。香港、澳門數據以 2017 年 3 月 1 日匯率換算。

爭力最強的區域，已經成為中國構建對內對外開放戰略格局的重要支撐。

表 2.3　2016 年粵港澳大灣區與其他灣區航空出行情況對比①

航空出行情況	粵港澳大灣區	長三角灣區	倫敦灣區	紐約灣區	東京灣區
航空出行人次（億人次）	1.75	1.42	1.32	1.3	1.1
人均航空出行次數	3.28	2.03	16.16	13.76	8.04

一、粵港澳大灣區各城市經濟結構

產業發展理論認為，經濟的發展過程往往呈現出第一、第二產業占比下降，第三產業占比上升的過程，作為第三產業的服務業的發展，既是第二產業發展的結果，也是促進第二產業更好發展的重要因素。

從整體而言，粵港澳大灣區現代產業體系完備，是全球最重要的製造業基地，已經形成比較完整的分工協作網絡。灣區內絕大多數企業經歷了多輪自我升級和迭代的過程。灣區內香港、廣州和深圳三個中心城市形成了以生產性服務業為支撐的產業集群。深圳、廣州形成了較為發達的內向型金融服務業，香港形成了較為發達的外向型金融服務業。這些都有助於形成以貿易為先導、以工業為基礎、以科技為核心、以金融為支撐的「貿易—工業—科技—金融」的生產環境。

與此同時，灣區內形成「梯次型」產業體系，既有接近發達國家

---

① 周順波. 粵港澳大灣區需要構建世界級多級樞紐航空系統 [EB/OL]. http://opinion.china.com.cn/opinion_85_168085.html, 2017-07-13.

的高端產業，也有相對低端的產業，產業層次和產業結構的多元性有利於在較短時間內形成較好的產業協作。灣區第三產業比重合計超過60%，香港第三產業占比超過90%，珠三角九市已初步形成先進製造業和現代服務業雙輪驅動的產業體系。

然而，從經濟結構來看，珠三角九市與香港、澳門的產業結構分佈非常不均衡。從理論上分析，第二產業和第三產業聯繫緊密，隨著第二產業的發展衍生出對於金融、保險、貿易、法律等生產性服務需求和文化、教育、旅遊、醫療衛生等生活性服務需求，越複雜的第二產業經濟活動越需要第三產業的支撐，所以第三產業的發展既是第二產業發展的結果，也是第二產業更好發展的必要條件。從表2.4可以看出，香港和澳門以第三產業為主，第三產業占據絕對主導地位，占比均高達90%以上，而第二產業相對缺失。珠三角九市的第二產業占比都非常高，除了廣州之外的其他城市占比都超過40%，其中佛山占比甚至超過60%。但珠三角九市的第三產業發展有所不足，廣州占比為66.77%，深圳占比為58.8%，東莞占比為53.4%。

表2.4　　2015年①粵港澳大灣區各城市經濟結構②

（單位：百萬元③）

城市	GDP總值	第一產業產值	第二產業產值	第三產業產值	產業結構	規模以上工業總產值
香港	2,233,140*	1,176*	156,221*	2,075,743*	0.05：7：92.95	—
澳門	436,005*	0*	22,617*	413,388*	0：5.2：94.8	—

---

① 表中澳門數據為2014年數據。
② 香港數據來源於《香港統計年刊（2016）》；澳門數據來源於《澳門統計年鑒（2015）》；珠三角九市數據來源於各市《國民經濟和社會發展統計公報（2015）》。
③ 表中香港、澳門數據分別以百萬港元、百萬澳元為計量單位。

表2.4(續)

城市	GDP總值	第一產業產值	第二產業產值	第三產業產值	產業結構	規模以上工業總產值
廣州	18,100.41	228.09	5,786.21	12,086.11	1.26：31.97：66.77	18,424.73
深圳	17,502.41	5.66	7,205.53	10,291.8	0.03：41.17：58.8	25,542.44
佛山	17,502.99	136.42	4,838.89	3,028.61	1.7：60.5：37.8	19,544.95
東莞	8,003.92	20.5	2,902.98	3,351.59	0.3：46.3：53.4	12,744.42
惠州	6,275.06	150.88	1,726.68	1,262.47	4.8：55：40.2	7,044.73
中山	3,140.03	68.58	1,632.03	1,309.42	2.5：54.2：43.5	6,345.28
肇慶	1,970.01	288.76	969.09	712.16	14.7：49.2：36.1	4,034.37
江門	2,240.02	174.72	1,078.51	986.8	7.8：47.4：44.8	3,998.76
珠海	2,024.98	46.63	1,006.01	972.34	2.3：49.7：48	3,966.02

由此可見，珠三角九市的經濟結構整體呈現出與經濟發展水準不相適應的發展現狀。佛山、珠海、中山等城市經濟發展水準顯著高於全國平均水準，但是第三產業產值占比卻低於全國平均水準，特別是佛山，第二產業占比高達60.5%，第三產業占比只有37.8%，這在全國經濟發展水準較高的城市中是非常罕見的。但是從區域經濟或城市群角度考慮，可以對此進行解釋，即廣州、深圳等中心城市實際上與其他城市形成了產業結構的互補。結構的互補性本質上是生產性服務的跨區提供，廣州、深圳作為區域中心城市，在交通、港口、金融、貿易、專業服務等領域具有顯著的優勢地位，對其他城市第二產業發展提供支撐，主要是生產性服務業的支撐。珠三角九市在教育資源、人力資本等方面分佈不均，廣州作為中心城市，在文化教育、交通、港口等方面優勢明顯，深圳作為金融中心和創新中心，優勢條件也很明顯，但其他城市在這方面就處於相對弱勢地位。所以，城市間產業結構的互補是存量資源分佈不均下的自然經濟現象。

二、粵港澳大灣區各城市的產業分析

改革開放以來，粵港澳大灣區不斷調整和優化產業結構，逐漸形成了資金、人才、管理、技術、環境等優勢，全面參與國際競爭的能力不斷得到增強，已經擁有最具競爭力的科技創新產業、金融服務業、航運物流和製造業中心。從各城市優勢產業發展的狀況來看，通信、電氣機械、儀器儀表、金屬製品等行業的比重較大。它們都是在較短的時間內，在市場和政府、跨國公司、投資者為主導的作用力下發展起來的產業體系。

此外，由於粵港澳大灣區對外開放程度高，大灣區各城市已充分利用國內外市場形成計算機資訊、通信器材、家用電器、家具建材、服裝鞋帽等具備相當規模的外向型產業體系。如廣州的商貿會展、金融保險、現代物流、文化旅遊等已經成為經濟國際化發展的重要力量；深圳的通信設備、半導體照明、平板顯示、生物醫藥等產業已經占據工業的半壁江山。

但是，由於缺乏區域功能定位和統一規劃，粵港澳大灣區的「產業同構」現象突出，城市之間競爭激烈。有學者按照產業結構相似系數的計算方法，根據《廣東統計年鑒（2016）》中各城市各行業的工業總產值，選取按行業劃分的 44 個部門總產值數據進行計算，得出 2015 年粵港澳大灣區（不含港澳）各城市工業結構的相似系數矩陣（見表 2.5）。

從表 2.5 中可以看出，粵港澳大灣區核心城市主要產業的相似性比較明顯，其中深圳與惠州的相似系數最大，為 0.986，東莞與深圳

為 0.957，惠州與東莞為 0.945，珠海與中山為 0.886，都表現出明顯的產業結構相似。但與此同時，江門與深圳為 0.156，江門與東莞為 0.165，佛山與深圳為 0.369，廣州與江門 0.268，這些城市之間的產業相似度較低，產業之間存在互補性，產業發展的互補空間較大。

表 2.5　　2015 年粵港澳大灣區（不含港、澳）各城市工業結構的相似係數矩陣[①]

城市	廣州	深圳	珠海	惠州	東莞	中山	江門	佛山	肇慶
廣州	1								
深圳	0.518	1							
珠海	0.612	0.822	1						
惠州	0.435	0.986	0.768	1					
東莞	0.574	0.957	0.854	0.945	1				
中山	0.735	0.747	0.886	0.756	0.854	1			
江門	0.268	0.156	0.165	0.123	0.165	0.278	1		
佛山	0.751	0.369	0.75	0.413	0.496	0.812	0.658	1	
肇慶	0.705	0.667	0.676	0.599	0.667	0.781	0.25	0.655	1

綜合來看，粵港澳大灣區各城市經過幾十年的分工合作，形成了現有的緊密合作的經貿格局。「廣州—深圳—香港」是粵港澳大灣區世界級城市群的脊梁，而「廣佛同城」「深莞惠一體化」「深汕合作」等，也都是圍繞粵港澳大灣區展開的。

三、粵港澳大灣區各城市的經濟聯繫

城市與產業的升級與轉型需要將城市內外各種生產要素整合在一

[①] 林先揚. 粵港澳大灣區城市群經濟整合研究 [M]. 廣州：廣東人民出版社，2017：86.

起，形成更為緊密的聯合體，才可能實現可持續發展。基於內部比較優勢的互補性整合，才能促使各種經濟要素形成經常性對流和輻射，使得城市群內部的人流、資金流、物流、資訊流和技術流互通有無。從經濟發展的相互作用來看，粵港澳大灣區各城市的密切聯繫是構成城市之間產業發展空間相互作用的重要原因。

採用城市經濟作用強度[1]對粵港澳大灣區城市之間的相互作用進行分析。從各城市相互經濟作用強度矩陣[2]來看（見表2.6），深圳、東莞、廣州、佛山的經濟整體發展水準高，第二、第三產業發達，主要是因為它們集中了粵港澳大灣區的大部分工業企業，科研和科技開發力量強大。同時，還集中了大部分港口、機場、高速公路、鐵路等基礎設施，交通便捷。因而，香港、廣州、深圳、佛山的城市輻射力總體是較強的，這些城市與周邊城市相互作用強度也較高。

表2.6　2015年粵港澳大灣區城市之間相互經濟作用強度矩陣[3]

（單位：百萬元・萬人/平方公里）

	廣州	深圳	珠海	惠州	東莞	中山	江門	佛山	肇慶	香港	澳門
廣州		5.57	9.17	6.15	32.54	33.01	14.08	243.13	6.47	35.89	22.34
深圳	5.57		2.46	11.85	15.6	6.65	3.12	2012	2.45	233.45	36.89
珠海	9.17	2.46		3.48	4.25	5.34	6.45	4.5	4.22	35.34	112.3
惠州	6.15	11.85	3.48		9.88	2.46	3.56	5.84	1.34	67.89	23.45
東莞	32.54	15.60	4.25	9.88		15.66	4.35	15.69	2.14	89.9	23.65
中山	33.01	6.65	5.34	2.46	15.66		25.07	38.05	6.78	40.8	56.4

---

[1] 城市經濟作用強度 $E_{ij} = \dfrac{\sqrt{P_i V_i - P_j V_j}}{d^2}$。式中，$E_{ij}$ 為城市i和j之間經濟作用強度；P_i、P_j 分別為城市i和j的非農業人口；V_i、V_j 分別為城市i和j的地區生產總產值；d為它們之間的距離。

[2] 林先揚. 粵港澳大灣區城市群經濟整合研究 [M]. 廣州：廣東人民出版社，2017：86.

[3] 根據《中國統計年鑒（2016）》《廣東統計年鑒（2016）》數據測算。

表2.6(續)

	廣州	深圳	珠海	惠州	東莞	中山	江門	佛山	肇慶	香港	澳門
江門	14.08	3.12	6.45	3.56	4.35	25.07		18.65	4.38	24.89	46.02
佛山	243.13	2.12	4.5	5.84	15.69	38.05	11.65		12.45	55.43	40.9
肇慶	6.47	2.45	4.22	1.34	2.14	6.78	4.38	12.45		30.9	23.43
香港	35.89	223.45	35.34	67.89	89.9	40.8	24.89	55.43	30.9		120.33
澳門	22.34	36.89	112.3	23.45	23.65	56.4	46.02	40.9	23.43	120.33	

從矩陣中還可以看到，粵港澳大灣區各城市內部經濟聯繫和強度在空間上呈現出圈層結構：「廣州、佛山、肇慶」—「澳門、珠海、中山、江門」—「香港、深圳、東莞、惠州」。這種圈層結構使得產業發展轉移機會和空間大，但這種產業的擴散與輻射在各城市之間不全是自動發生，而有政府與企業的共同推動。

粵港澳大灣區的迅速崛起正日益改變著中國傳統的區域經濟格局，決定著中國經濟發展的未來。同時，粵港澳大灣區的經濟發展已經具備了良好的一體化或整合發展的基礎條件。在新的歷史機遇下，需要從自身條件出發，發揮各自比較優勢，優化區域格局，促進整體經濟社會持續發展。但是，我們也應看到，粵港澳大灣區各城市存在分工與定位雷同、區域發展差距大等嚴重制約粵港澳大灣區經濟發展質量的問題，需要進一步深入分析，並通過全方位、多層次的經濟整合，增強粵港澳大灣區的綜合競爭力。

廣東珠三角九市經濟一體化發展現狀

憑藉毗鄰港、澳的優勢，珠三角地區在改革開放中先行一步，先後經歷了農村工業化、城市工業化和大都市區化發展階段，從傳統的

「桑基魚塘」地區轉變為「世界工廠」，逐步發展成為廣東甚至中國對外貿易往來的重要陣地、中國重要的增長極、中國市場化程度最高、最具經濟活力的地區。總體而言，珠三角九市的經濟發展水準達到了中等發達國家水準，產業結構向高級化轉變，製造業分工日益明顯，核心城市現代服務業發達。但是就目前而言，珠三角就自身發展的區域條件發生了明顯改變。改革開放初期，中國土地市場交易體系不完善，珠三角各地為了吸引外資，大量的土地以遠低於市場價格甚至「零地價」出讓。而自2000年以來，珠三角地區商業、住宅和工業用地價格的上漲及勞動力成本的上升，迫使企業轉型升級。此外，20世紀90年代以來，中國的改革開放由探索階段進入到全面推進階段，上海浦東開發、西部大開發、中部崛起、振興東北老工業基地、天津濱海新區開發以及京津冀協同發展等戰略的實施，使得珠三角地區原有的區位優勢已經或正在逐漸減弱。而且，中國勞動力供給在2010年之後進入「劉易斯拐點」，傳統農業部門中的剩餘勞動力被現代工業部門吸收，加之外來人口返鄉就業比例增加，勞動力由剩餘變為短缺，珠三角地區出現「用工荒」等現象。珠三角城市的發展面臨較大的挑戰。

另外，從珠三角九市未來發展來看，經濟全球化和區域經濟一體化的興起，促使國家內部的區域由相對獨立的經濟空間單元和周邊整合，即珠三角城市群經濟一體化。在經濟全球化背景和粵港澳大灣區發展戰略下，有必要進行經濟整合或經濟一體化來發揮更大效應，成為中國經濟發展的「領頭雁」。然而，單從珠三角地區自身來說，其經濟一體化的障礙性因素主要體現在以下兩個方面：

一、區域發展存在較大差距，經濟發展不均衡現象相對突出

珠三角城市群是世界人口和規模最大的城市群，但是和國外著名城市群相比，珠三角城市群在相對規模和經濟質量上還有很大的成長空間。珠三角城市群現有的經濟發展水準還很不均衡，廣州、深圳無論在區位優勢、資源稟賦、經濟規模、經濟質量還是人均產值上都很突出，但是中山、肇慶等城市發展水準相對較低，而且就自身經濟來說，未來的增長動力依然是不清晰的。珠三角城市群廣闊的區域面積一方面對於未來化解人口和土地資源瓶頸具有重要的意義，但是另一方面較低的城市密度可能帶來一體化成本的增加，從而阻礙區域經濟的一體化均衡發展。

此外，城市群內部城鄉發展水準明顯不平衡。城市憑藉良好的地理位置優勢、發展中累積的經驗基礎、優惠的政策優勢等，發展已達到相當的規模與程度，目前正在向現代化方向推進。農村地區發展尚處於工業化狀態，科技文化水準與現代化的設施不足，傳統產業功能存在著生產分散、規模過小、產業集約化程度低等問題。

二、城市競爭導致的利益協調問題

一直以來，地方競爭在經濟發展中起著非常重要的作用。「以GDP為綱」的政府績效激勵機制雖然導致了諸如忽略環境代價、招商引資政策相互傾軋的不良後果，但是對經濟增長的貢獻是毋庸置疑的。地方競爭除了影響廣州和深圳兩大中心城市外，也會影響區域內產業梯度轉移和產業重新布局。 產業重新布局和產業梯度轉移等珠三角產

業優化戰略對於優化珠三角整體產業格局具有重要意義。但是相比香港地區和歐美等發達國家，廣州、珠海等城市和經濟發展水準還不算高，且不同於深圳在土地面積上的現實瓶頸，廣州和珠海、中山等次區域中心城市土地和人口都還遠沒有達到瓶頸，因此各梯度產業都有較強的容納能力。也就是說，產業梯度轉移的內在動力並不足，只能靠外在動力及政府層面的推動，而在地方競爭的格局下，地方政府從地方經濟發展角度考慮，往往也不願轉移出產業，因此產業梯度轉移存在激勵不兼容問題。

而從區域經濟視角出發，這主要體現為行政區與經濟區的矛盾。各個行政區即各地方政府彼此之間利益要求不同，在區域內部就會容易出現利益要求多元化的現象，阻礙了經濟區各種要素的流通，最終導致在現行的行政管理體制框架下，中心城市的法定管理權只限於其所轄的行政區劃範圍，根本不具備跨行政區劃的管理協調權，無法在市場經濟條件下充分發揮中心城市的核心作用。中心城市管理協調權的缺位和現有職能的不完備在很大程度上制約和影響了區域內的協調發展，無力克服和解決區域內各城市或各行政區存在的產業結構趨同、產業布局近似、重大基礎設施重複、環境污染以及市場過度競爭等問題。這種矛盾、不協調不僅導致各個城市缺乏特色與競爭力，浪費了寶貴的土地和資金，阻礙了區域的可持續協調發展，也會帶來城市生態環境與經濟發展的不協調等一系列問題。

香港經濟發展的難題和優勢在哪裡

香港是一個國際大都會，一直以來是國家對外的窗口，尤其在金融、航貿、重載等方面表現出色，再加上香港有國際市場、國際化人才等優勢，能很好地與國際接軌。

就目前經濟發展而言，香港以現代服務業為主，服務業占其GDP的90%，四大支柱產業分別是貿易及物流業、旅遊業、金融業和專業服務及其他生產性服務。香港是全球服務業主導程度最高的經濟體。2017年，香港連續兩年被瑞士洛桑管理學院評選為全球最具競爭力的經濟體，但在世界經濟論壇發布的《2017—2018年全球競爭力報告》中只排名第7。該報告中，在基本條件及效率提升方面，大部分指標都名列前茅，例如基建、政府架構、貨品市場效率、勞工市場效率和金融市場發展等，均排在前10名以內，可見香港硬件配套非常優秀。但香港在創科範疇只排名第23，是綜合排名前10名中最低，也反應了香港創科產業的不足。

目前，香港經濟正處於轉型和尋求新發展方向的關鍵時期，並面臨著政府施政困難、服務業競爭加劇、創新科技缺乏根基、土地資源稀缺和發展成本上升等挑戰。香港憑藉「一國兩制」和「商貿平臺」的優勢，構建起「一帶一路」的集資融資、商貿物流、專業服務（法律、稅務、市場推廣、風險評估等）和基礎設施服務等平臺。

根據香港有關機構的調查和分析，香港有兩個合作需求。

一是鞏固支柱產業的合作需求。金融、貿易和航運是香港的支柱

產業，面臨外部競爭挑戰，香港需要擴大與內地合作來扶持支柱產業發展，鞏固傳統優勢。這些領域主要包括供應鏈管理、設施聯通服務、內地企業「走出去」的投資貿易服務和融資服務。首先，香港是亞洲的國際商業物流中心，本地服務供貨商擁有豐富的專業知識，商業網絡遍及多個國家和地區，在供應鏈管理上可提供「一站式」服務，包括上述的生產、物流和環保服務等。其次，設施聯通是「一帶一路」倡議首個階段的重點推進方向。「一帶一路」建設涉及的基建投資規模龐大、類別眾多，所需的資金、風險承擔、管理技術等遠超政府或國有企業的能力負擔，而香港作為國際樞紐，可以發揮其獨特優勢，有效地為項目配對各方參與者，並提供融資方案、顧問、設計、規劃和監理等服務。再次，香港服務業企業多年來協助廣東及其他內地企業，處理在香港和海外市場的貿易及投資業務。隨著內地推進「一帶一路」倡議，進一步鼓勵企業「走出去」，香港將進一步就金融、法律、物流、稅務、市場推廣、風險評估等不同方面，加強與廣東合作，發掘「一帶一路」商機。最後，內地企業前往外國建立銷售網絡，進行直接投資、採購和各類型收購活動時，往往需要美元或其他外幣資金為其有關業務融資，可利用香港資金流通和一應俱全的專業服務優勢為海外業務融資，從而有效地解決內地「走出去」的投融資問題。

二是扶持新興產業的合作需求。這主要包括技術領域的人才流通、技術應用和規格標準等方面合作，以及知識產權交易服務和科技金融服務等。首先，科技與創新是香港未來發展的主要方向，也是建設粵港澳大灣區成為具有世界影響力和競爭力城市群的重要推動元素。香港願促進大灣區內的先進技術和專業服務同傳統工業相結合。其次，

香港熟悉國際科技潮流趨勢及技術標準，同時擁有廣泛國際市場網絡的優勢，願與大灣區內的城市加強相關技術領域的人才流通、技術應用和規格標準等方面合作，既可以幫助內地科技成果進行商業化，開拓海外市場，又可以有效為內地企業引進合適的外國技術。最後，香港本身就是一個國際金融中心，加上與內地在金融方面的聯繫日趨緊密，能為金融科技發展提供很好的合作基礎。

此外，香港的優勢也是非常明顯的。

一是人才與創新優勢。香港擁有 5 所世界一流的知名大學，匯聚了來自世界各地頂尖的科技、金融、設計和管理人才。尤其是香港的設計行業，一直都處於全球一流水準。這可以體現在家具設計、鐘錶設計和時裝設計等方面，都具有全球範圍內的影響力。粵港澳大灣區在近年來的發展過程中，轉型升級的效果比較突出，尤其是在科研創新方面，有非常多的高新企業落戶大灣區的城市。例如，國際知名的騰訊、華為、比亞迪等公司都在深圳，所以結合其創新優勢，深圳可以成為灣區主要的科研基地。

二是區位與基礎設施優勢。香港有一個特別的機場，處於非常優越的地理位置。這個機場的飛機可以在 6 小時內飛抵大部分「一帶一路」的沿線國家和地區。另外，香港的通信基建也非常發達，長途電話費是全球最便宜的。直到今天，美國、日本、新加坡來的電纜都是從香港上岸，這個很自然就成為一個區位優勢。但是在如今的發展過程中，面臨的一個窘境就是香港的土地比較貴，用作區域基礎設施方面的用地成本過高。

三是「一國兩制」優勢。香港可以享受國家經濟持續快速發展帶

來的好處，通過 CEPA 開拓內地市場，協助內地政府建立和培養制度優勢和管理能力，協助內地城市市場化和國際化，協助內地企業加強知識產權保護，完善治理結構，強化誠信、專業等核心價值，在走上世界舞臺時更能與國際接軌，進一步提升產品及服務水準。

優勢出眾的香港在今後又可以靠什麼來發展呢？下一步香港可以做什麼？還有多少企業會來香港上市？未來在粵港澳大灣區建設的框架下，香港又如何定位呢？

前文提及在「一帶一路」建設核心支撐區，香港可以成為一帶一路的融資及共同投資中心、專業服務中心、資訊數據和電子商貿結算中心，後文還會討論數據特區、知識產權中心和品檢中心等定位。所以，香港要想在競爭力上保持領先，需要真正從資本驅動型經濟，轉型為創新驅動型經濟。香港可否把自己定位為全球創新產業服務中心，這就需要在「一帶一路」的建設上勇於實踐。

澳門未來的發展障礙與挑戰有多大

澳門擁有毗鄰內地市場、稅率較低等一系列經貿優勢，並具有「一國兩制」的有利條件，但其與內地的經貿往來一直在低水準徘徊。近年來，隨著澳門賭權開放和內地自由行政策的推行，澳門的博彩業出現「井噴式」發展，這改變了澳門原有的要素供需結構，導致澳門的土地價格、房屋租金、勞動力成本以及物價持續上漲，非博彩類企業的營商成本不斷上升。澳門博彩業「一業獨大」帶來社會經濟發展的諸多隱患，產業適度多元化的呼聲不斷。但就目前來看，受空間、

人才等多方面條件的制約，澳門實施本土產業多元化的策略困難重重。

總體而言，澳門回歸以來，經濟持續增長，但是由於博彩業「一業獨大」，增長速度趨緩，增速波動明顯。比如，2008年全球金融危機對世界經濟帶來影響，澳門的本地實際生產總值增長率出現了大幅度下降，僅為3.39%。澳門總體經濟和公共財政對博彩業的依賴性都達到了極高的水準。2011年博彩業毛收入佔本地生產總值的比重高達91.6%，稅收佔公共經常收入的比重也達到87.27%，雖然之後有所下降，但「一業獨大」的格局已然形成。

澳門博彩業發展推動了澳門地區生產總值的迅猛增長，促進了澳門經濟的快速發展。另外，博彩業吸納了澳門大量的土地、人力資源要素，抬高了澳門的物價、房價和工資，土地稀缺、勞動力不足和營商成本上升將制約澳門非博彩業的發展以及產業結構的多元化。而且，隨著內地遊客比重上升，澳門博彩旅遊業對內地旅客依賴性增強，導致其發展面臨較強的外部依賴性和風險。

從經濟發展的要素來看，澳門不僅就業人口數量有限，就業人口的文化素質也整體偏低。據統計，2013年澳門就業人口約為36.1萬人，有16.76%的就業人口的文化水準不高於小學程度，而擁有受高等教育的就業人口只佔30.22%。並且，其中具有較高技術水準的人才，因澳門經濟規模有限或能發揮作用的機會不多等問題，都不願意回到或留在澳門工作。

從經濟發展的基本結構來看，澳門是一個典型的微型經濟體，除了少數與博彩業相關的大型企業以外，大部分的企業是中小微型企業。據統計，在2013年澳門57,188家企業中，大型企業有134家，中型

企業有194家，小微型企業有56,860家，中小微型企業占到企業總數的99.77%。這種微型的企業結構使澳門的中小企業在激烈的競爭環境中越來越失去應有的競爭力。比如，由於企業過小，難以產生規模效益，造成經營成本不斷上升，經濟效益低下。中小企業之間各自為政，缺乏合作與配合，從而陷入規模越來越小的惡性循環之中。就現有的產業來看，澳門大部分產業建立在低技術、低附加值生產的基礎上，且是勞動集約型產業。澳門起主導作用的優勢產業，如博彩旅遊業及其相關的酒店業、會展業、餐飲業等，均是對勞動力需求比較剛性的產業，且技術研發的應用性不大，產業缺乏向高技術升級的動力。而由於澳門市場狹小，人口基數小，其自身消費市場和生產能力都極其有限，使得澳門大部分產品需要依賴進口，產業之間很難形成較強的關聯性。博彩業作為領軍產業，帶動其他產業協同發展的功能嚴重不足，加上受自然資源短缺的影響，澳門產業關聯度低的困局難以打破。

當然，澳門也並非沒有獨特優勢。作為國際旅遊、會議及服務業的中心，澳門的消費服務產業較為成熟，具有比較雄厚的軟實力和發展潛力。由於澳門半島的密度較大，高密度的城市建設衝擊著自身的歷史文化保護區，因此具有較為迫切的願望向外發展，希望能夠與特區外的空間進行對接。但是這樣的形象不利於更高層次的發展，會對多元化的旅遊資源宣傳與開發造成一定的制約作用。單一化的業態和定位導致澳門的旅遊深度受到影響，大量的遊客在澳門並不能夠進行充分的體驗與消費。因此，澳門要想建設成為世界的旅遊休閒中心，絕對不能以博彩業為單一支柱。不僅需要建立多層次的社會人才結構，引導建設具有適應性的經濟業態，還需要使展會物流業、文化創意業

等同步繁榮。但做到這些，僅靠澳門自身的實力是不夠的。

　　如今，粵、港、澳合作開發橫琴自貿區，是在「一國兩制」的體制下，創新了合作機制，可以促進區域內部的要素聚集和流動。橫琴可以發揮自身在科教文化方面的優勢，進而對澳門的發展提供人才支撐和保障。

第三章

建設粵港澳大灣區將面臨的挑戰

粵港澳大灣區有強勁的生產力，有條件比世界其他灣區都做得更好。可是怎麼才可以把軟體與硬體互相結合，把金融、物流、資金流結合得更好呢？

在宏觀層面上，發展粵港澳大灣區的時候，不僅要考慮國際接軌的問題，還要考慮其他國家或地區是否接受的問題。其他國家和地區會不會妒忌大灣區的成績？是否願意參與大灣區與「一帶一路」的建設？是否甘願讓大灣區成為中國灣區之首？會不會因為向中央爭取政策而產生摩擦？不過縱使有這些顧慮，我們仍對粵港澳大灣區未來的發展感到樂觀。因為經歷多年的發展及貿易經驗的累積，灣區內的人才有足夠的經驗去處理對內對外的微妙關係，也懂得借力打力。

粵港澳大灣區建設面臨四大挑戰

粵港澳大灣區未來將被重點打造成為全球科技創新中心、全球先進製造業中心、國際金融航運中心和國際貿易中心。發展灣區經濟已

是世界經濟強國的「標配」，如世界知名的三大灣區（紐約灣區、舊金山灣區和東京灣區）經濟，均凸顯了美國和日本強大的經濟實力和國力，而粵港澳大灣區的建設，也標誌著中國的經濟實力和國力踏入「大而漸強」的階段。

粵港澳大灣區未來的發展，令外界有諸多的遐想和願景。然而，在「一國兩制」「三種貨幣」「四個主要城市」支撐下的粵港澳大灣區，制度阻隔無疑是需要突破的主要難關。所謂「前途是光明的，道路是曲折的」，除了制度阻隔外，在粵港澳大灣區未來的建設過程中，還將面臨以下四大挑戰：

一、粵港澳大灣區較難「合眾統一」，協調工作不易

除了在「一國兩制」的基本國策下，廣東九個城市（廣州、佛山、肇慶、深圳、東莞、惠州、珠海、中山、江門）與香港、澳門兩個特區政府的協調工作由於制度、法律和文化的差別也將面臨挑戰。如果協調機制未能有效建立，那麼各城市之間的人才、資金流、物流、資訊流等生產要素的跨市流動和對接將難以通暢，粵港澳大灣區要實現一體化發展將舉步維艱。

對此，有學者認為可以參考歐元區國家的經驗，成立統籌協調小組，以此建立強有力的協調機制，克服各城市真正實現互聯互通、一體化發展的障礙。但此建議說易行難。協調機制的成功取決於「合眾為一」，而非「多樣統一」，擁有單一政治體系、單一貨幣、共同利益追求和共同發展目標等才是成功的先決條件。而歐元區國家的這種「多樣統一」，就像由不同民族和文化組成的「馬賽克拼圖」，各成員

國多年來一直難以做到團結一致、行動一致，更別論一體化發展了。例如，希臘、葡萄牙等國憑藉歐元區的「保護傘」，以及在歐元區的擔保下，大量舉債，過度創造信貸，導致通膨高漲，令經營成本節節上升，更導致部分成員國政府債臺高築，出現龐大的政府赤字，從而引發了2010年「歐債危機」。

更讓人意外的是，在「歐債危機」爆發後，一些歐元區國家不是尋求如何解決問題，而是尋求如何離開歐元區。市場上先後出現希臘、荷蘭等國「脫歐」之說，例如希臘把「脫歐」稱為「Grexit」，荷蘭則稱為「Nexit」。如果脫歐後，希臘和荷蘭就可自行決定匯率的升值和貶值，以此增加外貿出口，推動經濟發展。這讓不少歐元區成員國開始質疑是否值得為其他成員國而奮鬥。慷本國納稅人之慨，為好吃懶做的「窮親戚」承擔龐大的成本，更令歐元區開始出現「無組織」「無紀律」的趨向，這無疑將歐元區這一聯盟推向了懸崖邊。

如果粵港澳大灣區的個別城市，未來也如希臘、葡萄牙等「自掃門前雪」，或者「消極怠工」，在大灣區建設過程中「說了等於做了」，又該如何妥善處理？是否應處罰個別市的主要官員或者開除其大灣區「區籍」呢？這是值得粵港澳大灣區的規劃者思索的。

二、粵港澳大灣區未必能吸引海內外優秀人才的持續參與

要把粵港澳大灣區打造成為全球科技創新中心、全球先進製造業中心、國際金融航運中心和國際貿易中心，最缺乏的不是資金和項目，而是人才和思想。環顧全球，要發展科技創新產業、先進製造業等，人才和思想均尤為珍貴。

在全球各國都進入頂尖人才搶奪戰的情況下，提供高薪厚職和舒適環境只是最基本的吸引因素，決定性的因素是長遠的發展願景，但國外人才的願景，往往和中國人才的願景並不是同一個概念。中國的發展規劃，通常比較善於隨機應變，有機而靈活，較少「機械式」和「決定論式」，事情的結果往往是各種因素和力量匯聚之後的產物。但國外人才尤其是北美、西歐的頂尖人才，他們需要先界定規劃和目標，接著設定實現這一規劃的一步步計劃，然後才向既定的目標前進。

因此，在建設粵港澳大灣區的規劃中，該如何設立明確的短、中、長期目標，吸引海內外優秀人才長期在粵港澳大灣區工作，也將考驗大灣區規劃者們的智慧。

另外，粵港澳大灣區的建設強調生產要素的互聯互通，但如果大灣區內部人才只大量去往廣州、深圳、香港和澳門，這對粵港澳大灣區整體的發展並不利，歐元區國家就有過相關教訓。例如，希臘、葡萄牙和西班牙等歐元區國家之所以爆發債務危機，導致經濟停滯，根源在於這幾個國家與其他歐元區國家的單位勞動成本之間存在巨大差異，由此帶來風險溢價等問題。結果其勞動力不斷向外出走，連帶大量資本、技術也向歐元區其他國家轉移，這無疑嚴重損害了其經濟。經濟受挫就會導致政府稅收減少、財政收入下降，政府的支出和投資自然也就削減，反過來又進一步衝擊了其經濟。

如果粵港澳大灣區未來也出現類似情況，在佛山、肇慶、東莞、惠州、珠海、中山、江門等市的人才，帶著技術、資金前往中心城市、發達城市，那麼佛山、肇慶等市未來的發展會不會受阻？這值得粵港澳大灣區的規劃者們警惕。

如果問題未能很好地解決，或將迫使佛山、肇慶等市採取較為偏激的「土著主義」政策，通過更加優惠的政策和待遇把人才留下來。如果這些人才獲得特別待遇，將會出現系列「後遺症」。例如，城市將呈現出「二元分裂」狀態，使得大多數低技能和低學歷民眾的工作朝不保夕，這些人不僅在經濟領域內被邊緣化，同時也被排除於主流社會之外，嚴重的兩極分化就會影響社會穩定。

三、粵港澳大灣區的建設可能會衝擊大灣區周邊城市的發展

雖然從長遠而言，設立粵港澳大灣區可以通過「擴散效應」向大灣區外的城市擴散、輻射，帶動周邊地區的經濟增長，這些周邊城市又可反過來進一步促進粵港澳大灣區的發展，形成一個逐漸上升的循環累積過程。但是，在初期、中短期，大灣區容易產生「回波效應」[1]，很可能會影響周邊城市發展。這是因為，在政策傾斜下，各方均大力推動粵港澳大灣區發展，經濟資源和生產要素集中流向大灣區，周邊不發達或相對落後的城市，則會因為政策的不平衡，以及資源、生產要素流失，導致城市之間發展差距進一步擴大。

相關的情況在發達國家並非罕見，如《區域優勢：矽谷和128公路地區的文化與競爭》一書，曾對美國兩個主要高新技術產業地區進行深入調查和分析，詳細比較兩個地區的差異，嘗試解釋舊金山灣區如何成為高新科技的「代名詞」和眾多創投基金的「新寵兒」，以及位於波士頓的128公路地區又是如何變得相對落後和失去競爭優勢的。

---

[1] 回波效應由1974年諾貝爾經濟學獎獲得者岡納·繆爾達爾（Gurmar Myrdal）提出，是指經濟活動正在擴張的地點和地區將會從其他地區吸引淨人口流入、資本流入和貿易活動，從而加快自身發展，並使其周邊地區發展速度降低。

因此，我們在大力推動規劃實施的同時，需要同時思考如何協調大灣區優先發展，及其對周邊落後地區不利影響之間的關係。

四、粵港澳大灣區要打造成為世界科技創新中心，需建立完善的容錯機制

環顧全球，無論是科研創新，還是創立創新企業，往往遭遇各類難題，失敗多而成功少。如果任憑科研創新者、創業失敗者自生自滅，不但有損創新、創業氛圍，也有損創新科技產業的發展。在粵港澳大灣區的規劃中，要是沒有給予非因道德風險所致科技創新的暫時失敗者，提供公司解散、銀行欠款、租稅負擔、員工遣散和破產清算等方面的援助和保障，那麼科技創新者們為何要在粵港澳大灣區冒險創業呢？我們必須清楚認識到，只有提供充分的援助和保障措施，才能減少創新、創業者的後顧之憂，並讓失敗者有東山再起的機會。

例如，美國的聖地牙哥是世界上頂尖的生物技術中心之一，就算每年有不少生物技術公司在這裡失敗了或者新成立了，但該地區仍然會有維持在大約500家左右數量的生物技術公司。所以，聖地牙哥生物技術產業成功的重要特徵之一，就是有行業協會組織和政府的支撐系統來幫助那些失敗的企業重新煥發活力等容錯機制。

更何況，中國未來並不會只有一個大灣區，除了粵港澳大灣區之外，環杭州灣大灣區、渤海大灣區等建設均已經或即將提上議程。一個創新理念、一件創新產品即使在粵港澳大灣區暫時被認定為「失敗」，也未必意味在其他灣區不被接受。所以，不管各大灣區的規劃如何，科技創新都會成為重點，科技創新企業也將是各大灣區爭搶的

目標。

全球各地的創業經驗也表明，創業失敗者下次創業的成功率通常比首次創業者成功率更高。因此，如果粵港澳大灣區內缺乏完善的容錯機制，使得科技創新企業轉去其他灣區發展，那麼是否會導致中國各地區之間相互消耗？這也是值得粵港澳大灣區規劃者和建設者們深思的問題。

粵港澳大灣區經濟融合需破解的難題

粵、港、澳三地民間的合作由來已久，而三地官方之間正式的合作機制也已經建立了近20年。「粵港澳大灣區」這一名字雖是新的，但實質內容卻並非新事物。無論是「粵港澳大灣區」，還是「大珠三角」「大珠三角城市群」「環珠三角宜居灣區」等曾被廣泛使用過的概念，實質內容都是推動粵、港、澳三地的合作乃至融合。

而且，針對粵、港、澳三地的組合優勢和發展潛力，還有與其他全球著名灣區的對比，以及推動三地融合的建議，一直以來也不乏研究。粵、港、澳三地政府也曾多次共同編製發展規劃，並簽署合作協議，甚至上升至國家戰略層面的共同規劃和合作協議亦不鮮見。但與紐約、舊金山、東京等世界著名灣區不同，粵港澳大灣區分屬三個不同經濟體和關稅區。面對一系列客觀條件的限制，如何才能實現真正意義上的「融合」呢？這是一直以來的困惑。若這些困惑若不能解答，那近期出現的「粵港澳大灣區」概念在新一輪的研究熱潮後，也必然會像過去的其他概念一樣，難以帶來實質性的突破。

那麼，該如何解決這個難題呢？如我們在第一章所言，不少專家、學者提出，粵港澳大灣區可以參照紐約、舊金山、東京三大國際灣區，近期亦有人將粵港澳大灣區與長三角杭州灣區相提並論。不過，對於粵港澳大灣區與這些灣區在本質上的區別，卻極少有人指出。

其實，衡量經濟整合程度的核心標準是要素流通的自由程度，高度的經濟整合意味著區內要素自由流通，且對外關稅水準、要素流通開放程度和管理制度一致。以舊金山灣區為例，灣區雖包含多個城市，但所有城市同屬一個經濟體。灣區內部不存在制度和邊境的阻隔，貨物、人員、資訊、資金等要素在各個城市之間完全自由流通。而對外，整個灣區的關稅水準、海關監管、開放標準亦完全一致。從根本上來說，整個灣區在同一市場內部，不存在整合的問題，這正是灣區內各城市能最大幅度地實現優勢互補和取得協同效應的前提條件。紐約、東京、杭州灣區皆是同樣的情況。

相比之下，粵港澳大灣區因為分屬三個不同經濟體和關稅區，所以人、貨、資訊、資金等要素在三地之間並不能自由流通。另外，香港是自由港，連續二十多年被評為全球最自由的經濟體，而內地相對而言是「管制型」的經濟體，三地對外的關稅水準、資金流通制度、投資開放程度、對外經濟政策亦有區別，這便是粵港澳大灣區經濟融合需要面對的首要障礙。

而且，我們發現粵、港、澳三地的經濟融合比歐盟還要複雜。對於兩個或多個經濟體之間的「經濟融合」或「經濟一體化」，目前廣為全球接受和採用的標準是 WTO 下的四個經濟融合階段，包括：①自由貿易區，即經濟體之間互相取消某些關稅與貿易壁壘；②關稅同盟，

即經濟體之間完全取消關稅及貿易壁壘，內部貿易有如單一國家，對外則設置共同的貿易關稅及其他壁壘；③共同市場，除具有關稅同盟的特徵外，服務、資本與勞動力等生產要素可自由流動，對外則採取完全一致的政策；④經濟同盟，除具有共同市場的特徵外，成員之間使用統一的貨幣和財政政策，並使用相同的稅率與稅制。這四個階段的融合程度逐漸遞進，歐盟就是經濟融合最高階段——經濟同盟的典型案例。

然而，與歐盟各國之間的融合不同，粵、港、澳三地之間的情況更為複雜。如前文所述，廣東並非一個獨立經濟體，而是內地這個大經濟體的一部分，廣東與港、澳之間的經濟融合受制於全國的開放水準和對外經濟政策。

對粵港澳大灣區來說，目前尚處於上述經濟融合四個階段的第一階段，即自由貿易區。內地與香港在2003年簽署CEPA，並在後期又相繼簽署補充協議及其他相關協議。由於對外關稅水準、資本和資訊流通制度等具有全國性，因此雖然在CEPA之中有不少針對廣東的先行先試條款，但實質性的開放內容在目前全國的開放水準下並沒有明顯體現。假如香港與廣東之間的要素流動障礙被完全打通，就意味著外界的要素可以透過香港自由地出入廣東，而廣東與內地其他地區之間並無邊境的阻隔，那麼這也意味著整個內地都成了自由港，但這無疑是不可能的。即便目前廣東劃出前海、南沙、橫琴三個區域成立自貿區，並實行更為開放的制度，但自貿區與香港之間的邊界依然存在，尤其是資本和資訊的流動難以管控，因此目前亦未有大的突破。

可以說，即便拋開在政治體制、法律制度、市場管理模式等方面

的不同，單就經濟層面來看，粵港澳大灣區要實現完全意義上的要素自由流通，除非香港放棄自由港的地位，或者整個內地變成一個大自由港，又或者廣東變成與香港同等開放的自由港，並在廣東與內地其他地區之間設立邊界，而這三個選擇在目前都是無法想像的。因此，粵港澳大灣區未來的發展無疑首先要解決這個經濟融合的難題。

粵港澳大灣區經濟融合如何使三方均衡受益

如何讓粵、港、澳三地均衡受益，是粵港澳大灣區發展需要解決的又一難題。

這些年，在珠三角城市競爭力不斷提升的同時，香港競爭力日漸下滑，經濟面對一系列的深層次矛盾，包括產業結構單一、就業結構嚴重兩極分化、中層就業崗位增長不足和產業外移導致基層向上流動的通道狹窄等。

如今，粵、港在多方面的合作一直在逐步深化，然而兩地間的這種合作存在單向性，即香港企業到廣東投資，把香港的產業轉移到珠三角。目前，香港的製造業早已基本轉移完畢，而服務業正在轉移當中，留下的主要是依賴香港各種特殊優勢的總部功能和難以移出去的低層崗位等，就業兩極化日益明顯。

目前，借助建設粵港澳大灣區的契機，廣東各城市相繼開展了新一輪針對香港的招商引資。例如，廣東某城市具體列出了香港 60~70 家服務業龍頭企業，實施「一企業一政策」，通過量身定做的優惠條件，吸引企業將部分總部功能從香港搬遷到該市。亦有城市開展了以離岸

貿易為主題的研究，探討貨物出入口逐漸不再經香港轉口之後，如何讓經香港處理的貿易合約和交易也轉移到廣東。當然，廣東各城市從自己的利益出發，提升自身的發展，這無可厚非。不過，從香港的角度，這種單向把香港優勢產業、企業轉移到廣東的「融合」模式，會導致香港產業進一步空心化等經濟問題。

我們認為，粵港澳大灣區經濟融合必須使生產要素能均衡流動，讓三地能均衡受益。對香港而言，必須要考慮更好的模式才能幫助香港解決現在的問題。

近年來，粵、港、澳三地乃至國家針對大灣區已經迅速推出不少新舉措。2017年6月，廣東省發展和改革委員會牽頭成立了粵港澳大灣區研究院；2017年7月1日，《深化粵港澳合作 推進大灣區建設框架協議》在香港簽署，國家主席習近平出席簽署儀式。

這些舉措並非首次。例如，2008年12月，國家發展和改革委員會編製《珠江三角洲地區改革發展規劃綱要（2008—2020年）》，明確提出將與港、澳緊密合作的相關內容納入規劃，支持粵、港、澳三地在現代服務業領域的深度合作，並鼓勵在協商一致的前提下，與港、澳共同編製區域合作規劃。由於該規劃由國家發展和改革委員會編製，得到國務院的批准，粵、港、澳合作上升到了國家戰略的高度，因此被視為「突破性的跨境發展規劃」。

為落實這份綱要，粵、港兩地於2010年4月正式簽署《粵港合作框架協議》。該協議結合了國家多個部委的意見，由國務院正式批准。協議提出，推動粵、港經濟社會共同發展，建設「世界級新經濟區域」，促進區域人、貨、資訊、資金等要素往來便利，構建「現代流通經濟

圈」。在此基礎上，粵、港、澳三地政府又共同編製了數份規劃，包括《大珠江三角洲城鎮群協調發展規劃》《環珠江口宜居灣區建設重點行動計劃》等。另外，民間開展的推動粵、港、澳三地經濟整合的研究更是不計其數。

現在，粵、港、澳合作在大灣區的概念下重新推出，新的官方合作協議亦迅速出抬。無疑，以粵港澳大灣區的建設和發展，重新啟動社會對粵、港、澳合作乃至融合的重視，實為好事。但是，如何評價過往編製的這些尚在有效期內的規劃和合作協議？當中哪些內容未能落實的原因何在？這些問題都需要我們進一步總結和思考。

港、澳融入大灣區：既需全局思維，也需本地行動

粵港澳大灣區的建設和發展，需要在 WTO 的框架下，從全球化和區域經濟一體化的角度來思考。

不過，全球化和區域經濟一體化在高歌猛進幾十年後，近期出現逆轉。美國退出《跨太平洋夥伴關係協定》，重審《北美自由貿易協定》條款，還啟動貿易戰。英國民眾投票脫歐，目前已在脫歐過渡期。逆全球化、逆區域一體化的趨勢出現。

在經濟層面，全球化和區域一體化並非有利無弊，因為「全球」或「區域」的利益與「地方」的利益既存在一致的一面，又存在互相矛盾的一面。若未能處理好矛盾性的一面，將可能使某些階層、某些範圍利益受損，從而導致出現逆轉。

現實情況是，過去數十年，無論是美國還是歐洲，在享受全球化或

區域一體化好處的同時，均未能為可能出現的弊端做好充分的準備，未能處理好「全球」或「區域」與「地方」之間的關係，導致國家、企業和民眾沒有均衡受益。以美國為例，跨國公司在區域乃至全球布局資本，將產業轉移到最有利的地方，直接推動了全球化和區域一體化的進程，自身利潤得到最大化，民眾也享受了商品低廉的好處。但是，資本全球轉移也帶來了美國本土實體經濟「空心化」、製造業流失、就業兩極化、貿易逆差不斷擴大的局面，這實際上也是美國發動貿易戰的根源所在。

因此，港、澳要融入大灣區，是必然的選擇。在此，我們以香港為例來闡述觀點。

我們認為，香港融入大灣區，必須處理和協調好「區域」與「地方」之間的一系列矛盾，不能失之偏頗。我們嘗試梳理出了香港在戰略及具體政策層面都需要統籌兼顧的七個方面，列於表3.1。需要強調的是，這些矛盾並非不可協調，若香港能從「區域」和「地方」兩個視角出發，兼顧好「港」「商」「民」三方利益，將能實現大灣區共贏，為香港開闢新天地。

表 3.1　　　香港融入大灣區需要統籌兼顧的七個方面

具體方面	全局思維	本地行動
優勢與劣勢	發揮香港優勢 利用香港金融、貿易物流、專業服務等優勢，協助大灣區內這類產業發展	彌補香港弱點，解決香港經濟結構深層次的矛盾 利用大灣區多元化產業結構和蓬勃發展的科技、製造等產業，推動香港產業結構多元化和科技、文化創意及其他產業的發展，為年輕人創造更多發展機會

表3.1(續)

具體方面	全局思維	本地行動
產業「走出去」與「留下來」或「引進來」	幫助香港產業、企業、資本更加無障礙走入內地，獲得更大發展空間，推動大灣區建設和發展	幫助願意在香港立足和扎根的企業在本地發展 吸引香港需要的產業、企業、資本，推動香港產業結構多元化
年輕人「走出去」與「留下來」或「引進來」	幫助香港年輕人到大灣區發展 在香港開拓年輕人發展空間	培育、吸引和留住香港需要的人才 在老齡化趨勢下，留住更多年輕人，應對勞動人口與非勞動人口比例快速下降的挑戰 為有志建設香港並願意留在香港發展的年輕人，創造更多機遇及向上流動的管道
科技資源「走出去」與「留下來」或「引進來」	幫助香港研發機構、大學將科研成果帶到內地產業化 幫助香港年輕人到大灣區創業，推動大灣區科技發展	建立香港科技產業生態體系，幫助香港研發機構、大學將科研成果在本地產業化，推動香港科技產業發展 吸引及協助內地科研機構將科研成果帶到香港產業化 協助香港年輕人在本地創業，吸引內地科研人才來香港創業
合作與競爭	大灣區各城市充分合作及協同發展	大灣區各城市在市場條件下充分競爭，力爭上游
「所需」與「所長」	國家（大灣區）「所需」，香港「所長」	香港「所需」，國家（大灣區）「所長」
融合性與獨特性	香港充分融入大灣區	香港充分保持獨特性，發揮獨特作用

借用「全球思維，地方行動」這句話，我們認為，香港融入大灣區，既需全局思維，也需本地行動。發揮香港優勢，包括香港廣泛的國際網絡及在金融、貿易物流、專業服務三個支柱產業方面的優勢，是香港參與大灣區發展的立足點，既能為這些產業拓展發展空間，也

能推動大灣區的整體發展。

　　不過，從香港目前情況來看，光靠金融、貿易物流、專業服務三個產業，不足以為香港年輕人創造更多的發展機遇，更不足以支撐香港長遠發展。產業結構單一、缺乏新的經濟增長點、就業結構兩極分化、發展空間狹窄、中層職位比例萎縮、年輕人缺乏向上流動的通道等一系列問題，是香港的劣勢和必須解決的深層次矛盾。近年來,香港沒有出現過一家新的本地大型企業，本地經濟缺乏動力和活力的現象可見一斑。

　　因此，參與大灣區的發展，香港既需要繼續發揮優勢，同時也需要大力補劣勢，尋找優勢產業之外的新增長點，推動產業結構多元化。而大灣區的發展，事實上為香港補劣勢提供了機遇。香港可考慮利用大灣區多元化的產業結構和蓬勃發展的科技、製造等產業，推動自身產業結構實體化和多元化，推動科技、文化創意及其他產業的發展，也為年輕人開拓更多的發展空間。

　　過往多年，粵、港兩地的合作一直以推動香港產業、企業、資本走入內地為主。改革開放之初的重點是推動香港製造業走入內地，而從2003年CEPA簽署以來則是重點推動香港服務業走入內地。對香港的企業而言，走入內地無疑獲得了更低廉的成本和更大的發展空間，香港的產業結構也因此轉型。對珠三角其他城市而言，香港製造業的移入帶動了工業化和市場化進程，服務業的移入則帶動了服務業的發展。未來，在大灣區範圍內，進一步減少要素流通障礙，幫助香港產業、企業、資本更加無障礙地在大灣區內發展，無疑還會是重要的發展方向。

　　但不可否認，香港與珠三角其他城市的競爭力一直存在此消彼長

的現象。珠三角其他城市的發展日新月異，而香港近年卻一直未見大的突破。特別在以創新為核心推動力的新經濟模式下，科技產業、實體產業、互聯網和創新驅動的新型服務業成為經濟前進的關鍵引擎。而在這些領域，香港已經落後於大灣區內的不少城市，尤其是落後於深圳這個亞洲新科技先鋒。其原因有多個方面，但其中之一，便是香港經歷了幾十年「去工業化」和產業移出，實體產業早已「空心化」。沒有實體產業基礎，科技創新難以立足，繼而難以與其他產業結合，突破舊有模式。光靠香港產業、企業、資本「走出去」，是難以解決香港本地競爭力下滑等問題的。

與此同時，珠三角其他城市經歷幾十年飛速發展，早已出現一系列具備區域乃至全球競爭力的產業、一大批有區域及全球擴展需求的企業。也就是說，城市的發展需求已經出現變化，不僅僅需要「引進來」，還需要「走出去」。在這種情況下，香港未來參與大灣區的發展，若僅限於協助香港優勢要素單向性流動到廣東，或協助香港企業進入內地，已經不能反映粵、港、澳三地的實際。

因此，在繼續協助香港企業進入內地的同時，香港必須大力提升自己的競爭力，幫助那些在香港立足和扎根的企業能繼續在本地發展，並能吸引大灣區內的優勢要素和補劣勢所需要的產業、企業、資本。這樣既能推動珠三角企業的國際化，又能推動香港產業結構的多元化，為香港經濟帶來新動力和新活力。

第四章

對粵港澳大灣區未來發展的建議

粵港澳大灣區的本質是建立開放型經濟新體制，打造全球最具活力的經濟區，使粵、港、澳能借助國家戰略的良機進行區域經濟一體化或經濟整合，它標誌著內地與港、澳深度合作駛入了全方位協同發展的「快車道」。粵港澳大灣區經濟發展，應在大灣區發展規劃指引下，超前謀劃和培育以全球經濟服務樞紐為重點的功能，將其作為空間資源分配和基礎建設的核心，並構建相適應的灣區治理協調機制，推動灣區產業形態向高端化、高效化方向調整，通過基礎設施的互聯互通帶動實現發展要素的無障礙流動。

借鑑粵港澳大灣區經驗　助推「一帶一路」建設

「一帶一路」倡議作為中國頂層設計，從統籌全局而言，無疑對粵港澳大灣區的建設具有指導和促進作用，粵港澳大灣區規劃需要配合「一帶一路」的整體規劃發展。但從另一個角度來看，粵港澳大灣區發展也對「一帶一路」建設的順利實施具有重要的支撐作用，甚至

可以說，「一帶一路」的建設，需要粵港澳大灣區的發展經驗和發展模式。

一、粵港澳大灣區可以為「一帶一路」沿線國家和地區傳播經驗，提供模式借鑑

對於發達國家而言，雖然美國經濟已復甦，但歐洲、日本等經濟體經濟提振乏力，且在美國愈來愈傾向「自掃門前雪」的趨勢下，極需作為世界第二大經濟體的中國，能提供一套能推動各國經濟繼續發展的經驗和模式。

對於眾多新興國家、發展中國家而言，自身經濟結構單一、產業結構落後、對外資需求依賴過高和國內政治紛爭不斷等問題錯綜難解，不但衝擊了經濟的正常運行，部分國家還出現爆發危機的苗頭。如何消除貧窮、提高工業化程度和保證自主可持續發展，也需要向中國學習。

我們認為，粵港澳大灣區各城市的發展經驗，大可為上述國家尤其是「一帶一路」沿線國家和地區借鑑。且不論早已高度發達的港、澳地區，就算是廣東省內的各城市，如深圳在短短三四十年間由小漁村發展成為國際大都會、世界創新中心的經驗，就非常值得借鑑。而深圳的創新文化、高端製造業文化、互聯網及高科技企業快速發展的文化等出現的原因和經驗，還有如何吸引並留住眾多高學歷、有雄心的年輕人等經驗和模式，也可以被很好地借鑑。

除了「深圳模式」之外，在引進外資方面還可以參考的範本有「南海模式」（民間資本）、「東莞模式」（加工貿易）、「佛山模式」

（製造業名城）等。可以說，總有一個發展模式值得「一帶一路」沿線國家和地區的城市借鑑。

二、粵港澳大灣區可助推「一帶一路」的「五通」

眾所周知，「一帶一路」建設主要是為了實現「五通」，分別是政策、設施、貿易、資金和民心的互聯互通。作為中國一個對外開放的前沿陣地，粵港澳大灣區的各城市，過去數十年均與「一帶一路」沿線國家和地區乃至全球各國保持緊密的聯繫。廣東省的不少城市，也和多個外國城市結成了有實際意義的「姐妹」城市，這為推動政策和民心的互聯互通奠定了堅實的基礎。而且，粵港澳大灣區各城市的貿易實力十分強大，交通非常發達，大灣區內又有香港這一國際金融中心，完全有實力可以為「一帶一路」建設的設施、貿易和資金互聯互通服務。

考慮到「一帶一路」國家在發展水準和步伐上的多樣性，粵港澳大灣區也特別適合被用來作為案例。粵港澳大灣區的特點是：區域差異大，粵港澳大灣區內既有國內最發達的城市，也有達不到國內平均發展水準的城市，就算珠江三角洲內部，也有達不到國內平均發展水準的城市（肇慶）。因此，可以把粵港澳大灣區作為「一帶一路」的一個縮影進行研究，研究粵港澳大灣區內部如何成功推動政策、設施、貿易、資金和民心的互聯互通，這對如何推動中國與「一帶一路」沿線國家和地區的「五通」有非常大的借鑑意義。

三、粵港澳大灣區有助於中國講好「一帶一路」故事

現在影視作品、文化產品等「輕產業」越來越多地成為一國在

「走出去」對外傳播時抓住人心、連通民心的紐帶。作為在「海上絲綢之路」上對外開放並交往密切的地區，粵港澳大灣區可以發揮非常大的作用，也是一大突破口。

美國好萊塢經常通過拍攝華爾街題材電影，來彰顯美國強大的金融力量和雄厚的經濟實力，讓各國觀眾對美國的經濟產生足夠信心。而中國作為世界第二大經濟體，全球各國對中國經濟情況興趣日增。粵港澳大灣區的影視公司完全有實力和知識儲備去拍攝財經題材的影視作品，通過財經影視作品來講好中國故事，傳播新時代的中國經濟實力、能量，以及「一帶一路」倡議的內涵。相信這些影視作品不但可以增加各國民眾對中國經濟的信心，也將大大增加「一帶一路」倡議的吸引力。

具體來說，拍攝諸如港交所、深交所或者北京金融街的故事，諸如中國中央政府如何協助香港特區政府應對 1997 年「亞洲金融危機」，或中國如何應對 2008 年「歐債危機」「環球金融危機」，又或中國如何推動人民幣國際化，開通「滬港通」「深港通」等題材。一方面，這些題材彰顯中國的經濟實力，例如即使在 2016 年中國經濟遭受國際各種因素衝擊，中國仍以占全球約 14% 的 GDP 總量創造占全球約 25% 的經濟增量，對全球經濟做出超額貢獻。另一方面，這些題材也表明隨著中國經濟結構調整和經濟動力的轉換，中國未來有實力、有能力推動「一帶一路」的建設，以及加強與「一帶一路」沿線國家和地區的產能合作，必將為世界經濟提供更多的增長動力。

四、粵港澳大灣區可以為「一帶一路」沿線國家和地區的企業提供融資

除了港交所、深交所之外，粵港澳大灣區未來可考慮內部成立一個粵、港、澳交易平臺。該交易平臺可考慮由粵、港、澳三地政府共同出資、經營和管理，在交易平臺的規則、制度和技術等設置上進行創新，既採用內地和香港股市現行的標準，又參考美國交易所或歐洲大型交易所的規則。通過這種中西結合的方式來創建新交易所，一方面可以吸引「一帶一路」沿線國家和地區的企業前來上市融資，另一方面還可與「一帶一路」沿線國家和地區的交易所進行互聯互通，在這個交易所上市的企業，也能在沿線國家和地區的交易所同時上市。

相信如果這個交易所能夠成立，也是粵港澳大灣區的一個突破和對「一帶一路」建設的貢獻，尤其是要吸引包括美國、日本在內的各國能在未來更多地參與進來。以美國而言，美國總統川普多年來投資、融資經驗豐富，與金融機構頻繁打交道，對金融市場的邏輯非常熟悉。若「一帶一路」建設可在金融領域發力，會更容易找到川普總統的「關注點」。在這種金融「通感」下，相信包括川普總統在內的政府領導人、金融機構負責人，能迅速瞭解「一帶一路」的利益所在，與其眼見利益旁落他國，不如自己也來分一杯羹。即使美國聯邦政府暫時不參與「一帶一路」，相信美國的各州政府、大型金融企業等也會有興趣參與。

總之，對於推動「一帶一路」建設，粵港澳大灣區具備了十分牢固的基礎和條件。所以，僅僅將粵港澳大灣區定位為「一帶一路」的

樞紐、重要支點，那只是最低的目標。我們認為，「一帶一路」的建設需要粵港澳大灣區的發展模式，粵港澳大灣區應該發展成為「一帶一路」建設的典範區域、精品區域。

粵港澳大灣區的民眾應有心懷天下和同舟共濟的胸襟，在尋求國家利益的同時，兼顧「一帶一路」沿線國家和地區的共同利益，以「是大灣區人，也是地球人」的氣度，更多地參與全球性的議題，並為此做出應有的、力所能及的貢獻。「達則兼濟天下」，最終和「一帶一路」沿線國家和地區實現共贏，才是粵港澳大灣區應當瞄準的最高目標。

粵港澳大灣區應發揮規範性力量

粵港澳大灣區規劃計劃到2030年把粵港澳大灣區建設成為全球重要創新科技中心、國際金融航運中心、國際貿易中心和全球先進製造業中心，屆時粵港澳大灣區的GDP總量將超過紐約、東京等灣區，成為全球GDP總量第一的灣區。

由於在粵港澳大灣區中，港、澳是富有但不先進的地區，而廣東是先進但不富有的地區，要將粵、港、澳三地有機結合，以達成上述宏大目標，則粵、港、澳三地至少要在把握地緣經濟最新趨勢、組建超級港口管理局、建立區域連接機制三個方面發力，這些措施不僅能助力粵港澳大灣區迅速躋身世界一流灣區之列，也能發揮粵港澳大灣區的規範性力量，為世界未來的經濟發展和社會進步提供粵港澳大灣區的發展模式和價值規範。

在把握地緣經濟最新趨勢方面，當前國際間的競爭已由過去爭奪資源轉向市場佔有率的競爭。在這個新的國際秩序下，眾多新興國家因崛起而創造許多新市場，引發各國競相爭奪國際市場佔有率。在這個「有地盤不如有市場」的新形勢下，如果粵港澳大灣區各城市仍然是只顧「搶地盤」、只管自己轄區內的「一畝三分地」、只想通過大灣區規劃獲得優惠政策的老思維，那麼粵港澳大灣區規劃可能將陷入來回「炒概念」「玩噱頭」的怪圈，這對粵港澳大灣區的建設是有害無利的。

粵港澳大灣區要想躋身世界一流灣區，需要借鑒東京、紐約灣區的做法，通力合作推動灣區內的企業積極搶奪國際市場。如在東京灣區，各地政府通過為企業提供投資潛在國的整體投資環境及個體產業狀況等數據，提供資金及各種實質性協助，務求全方位協助灣區內的企業擴大國際市場佔有率。因此，在這個國際市場佔有率越高且影響力就越大的地緣經濟新時代，粵港澳大灣區需要思考如何採取適當措施，以順應時代發展潮流，避免「換湯不換藥」。

在組建超級港口管理局方面，近年來，通過組建超級港口管理局和打造港口聯盟來分享船隻、航線和停靠港，是降低成本和搶占國際航運市場的必要之舉。粵港澳大灣區內，廣州南沙港、深圳蛇口港、珠海高欄港、澳門深水港、香港葵青貨櫃碼頭等港口，如果各自為戰，無疑浪費了優質的港口資源。若能組建超級港口管理局，形成一個類似「聯營港口聯盟」的組織，進行優勢互補，那麼很大可能將發展成為一個從儲存、包裝、裝卸到流通、加工、配備等全功能具備的新型國際航運聯盟。

更為重要的是，打造粵、港、澳新型國際航運聯盟可以增加國際影響力和話語權。當前國際上共有三大航運聯盟[①]：2M 聯盟、Ocean Alliance 聯盟和 THE Alliance 聯盟。這三大聯盟影響力巨大，且主要受西方發達國家主導，有權選擇使用或者不使用世界各大港口，這些都有可能影響中資企業投資海外港口的部署。在這種情況下，組建粵港澳大灣區的超級港口管理局（後文將具體闡述），打造大灣區新型國際航運聯盟具有急迫性。

在建立區域連接機制方面，需要注重發揮智庫、研究機構在灣區發展中的作用。東京灣區是建立區域連接機制的典範灣區。東京灣區內有一都三縣，包括若干大城市和中小城市，因為東京灣區各城市政府決策者會不斷更換，加上每任政府負責人都有自己的施政方案，為避免官員更換對灣區建設的影響，東京灣區大力發揮智庫在灣區建設中的作用。這些智庫對東京灣區的發展有持續的、長期的研究和認識，也長期參與和主導東京灣區的各類規劃，由於多數與東京灣區相關的規劃和政策都出自相關智庫，因此東京灣區的發展理念、發展規劃相對一致、連貫，不會隨著各城市主管官員的更替而改變。在粵港澳大灣區未來的建設當中，也將面臨灣區內官員更替的影響，或可參考東京灣區的做法，通過發揮智庫、研究機構的作用來建立完善的區域連接機制。

簡而言之，粵港澳大灣區建設，不僅要促進大灣區內部的發展，

[①] 2M 聯盟主要成員有：馬士基航運（MSK）、地中海航運（MSC）。Ocean Alliance 聯盟主要成員有：中遠集運（COSCO）、法國達飛輪船（CMA）、長榮海運（EMC）、東方海外（OOCL）。THE Alliance 聯盟主要成員有：赫伯羅特（HPL）、陽明海運（YML）、商船三井（MOL）、日本郵船（NYK）、川崎汽船（KLINE）、韓進海運（HANJIN），後來韓進海運破產。

還要發揮規範性力量，向世界傳播「互利共贏、開放包容、互學互鑒」等道德規範和價值準則。這樣不僅能夠進一步獲得各國的認同、信任和尊重，也能為各國的經濟發展和社會進步帶來有益的經驗。

粵港澳大灣區可嘗試打造「中國智谷」

可借粵港澳大灣區建設之機，粵、港、澳三地聯合打造「中國智谷」，使之成為國際化人才培養的基地。

企業是創新、創業的主體，粵港澳大灣區首先應著力打造企業創新的試驗田。過往創業經驗表明，創業失敗者再次創業的成功率通常比初次創業者高，因此需要為創業失敗者建立完善的「善後機制」。

人才是發展創新產業的基礎。粵港澳大灣區可嘗試打造一批匯聚高端人才的頂尖智庫，作為「中國智谷」。就廣東而言，目前最缺乏的不是資金和項目，而是思想和人才。環顧全球，我們看到科研水準甚高且培育了大量優秀創新人才的法國，由於法規、語言和貨幣等領域未能與國際接軌，導致國際市場拓展能力欠缺，常常為他國「作嫁衣裳」。例如，由法國人創辦的一些國際性科技公司，紛紛遠赴他國上市並落地生根，反而無力推動法國本土的創新經濟。而鄰近廣東的港、澳地區，擁有國際一流的高等院校等資源，可彌補廣東科研水準和培育創新人才不足的劣勢。香港作為國際金融中心，還可在金融、語言、法律、會計等專業服務領域，為廣東的創新企業找到與國際接軌的路徑。

在具體合作方面，除了粵、港、澳三地大學和科研機構合作進行

科研攻關、共同培育創新人才，以及在資訊和培訓等方面發揮作用之外，廣東還應鼓勵和支持省內科研企業在港、澳設立分部，對內充實科研創新力量，對外進一步開拓國際市場。

此外，中國要想加強參與國際經濟組織的頂層設計，應考慮在粵港澳大灣區的新型高端智庫和人才試驗田內，結合廣東自貿區的政策和港、澳地區在國際貿易中的經驗和資源，積極探索如何解決打破關稅及由關稅為主所形成的各種貿易壁壘。也可考慮和「一帶一路」沿線國家和地區，共同制定一個稅務方面的「負面清單」，讓包括中國在內的各沿線國家和各沿線地區的企業，可根據這份清晰的「負面清單」開展投資業務。

更為重要的是，在「中國智谷」內創建高端智庫和國際人才合作平臺，有助於建立一個符合國際規範的工作環境，避免出現全球化和本土化發生衝突的情況。而且，符合國際人才生存和發展的工作環境和文化能夠不斷吸引人才，形成一個以強大文化支撐的、良性的、不斷循環的生態系統。簡而言之，粵港澳大灣區嘗試打造「中國智谷」，不僅是打通「己學」和「彼學」的關鍵，更是中國進行深度全球化的一種新嘗試。

引入「珠三角研發、香港產業化」的新模式

推動科技產業發展無疑是粵港澳大灣區發展的一個重要目標。香港有位居亞洲前列的大學和科研隊伍，而珠三角城市有強大的製造業和科技產業基礎。在香港進行研發，將科研成果放到深圳進行產業化，

是兩地優勢的結合，也是兩地一直以來的合作模式，產生了不少優秀企業。

未來，在粵港澳大灣區的格局下，進一步幫助香港的大學和研發機構將科研成果帶到內地產業化，幫助香港科技人才到大灣區創業，還應當是重要內容。但正如前文指出，在珠三角城市科技產業突飛猛進的同時，香港本地科技產業發展一直停滯不前，原因之一便是香港的科研成果未能在本地產業化、科研人才未能留在香港創業或謀求發展。

坦率地說，香港要想推動自身科技產業的發展，依賴「香港研發、珠三角產業化」的模式是難以實現的。科技產業不僅僅只是研發，而是需要將科研成果變成商品和服務，並進入市場，因此需要一個完整的產業生態系統去支撐其發展。香港必須建立起產業生態體系，不但要能幫助本地大學和研發機構的科研成果在本地產業化，更要能吸引內地的科研機構將科研成果帶到香港產業化；不但要能幫助香港科技人才在本地創業，更要能吸引內地科研人才到香港創業。

近年來，香港科技園積極推進科研成果在本地產業化，大力投入初創企業的孵化。初創企業的成功率一直很低，往往孵化多家僅僅一兩家能成功在市場上立足。即使這樣，香港科技園近期培育的一些初創企業剛剛立足於市場，便轉移到其他城市，無助於本地科技產業的發展，社會亦無法得到科技成果產業化所帶來的乘數效應。個中原因，值得香港思考。

未來，在粵港澳大灣區內，除了繼續推進「香港研發、珠三角產業化」的模式外，同時應該引入「珠三角研發、香港產業化」的新模

式。這種模式並不是憑空想像、完全沒有發展基礎的,對於一些有志在內地以外市場發展的企業而言,香港是一個「走出去」的良好跳板,能提供良好的知識產權保護、資訊的無障礙流通、與國際市場無縫接軌等服務。當然,這需要香港能建立起完善的產業生態體系。香港可以選擇一些輕型、不需要太多勞動力和土地投入的科技型產業,從上游的研發,延伸到產業的中游甚至下游,建立起整個產業鏈和生態系統。

粵港澳大灣區各城市充分合作及協同發展,毫無疑問是大灣區規劃的重中之重,亦是各方研究的主題。粵港澳大灣區是一個高度市場化的地方,香港更是全球最自由的經濟體,粵港澳大灣區應在市場規則下建立健康的競合關係,既通力合作,又充分競爭,力爭上游,共同進步。

數年前,曾有過「廣東製造+香港服務」的說法,意思是廣東專注發展製造業、香港專注發展服務業,兩地各展所長。這種說法聽起來是兩地優勢的完美結合,但現實情況是廣東不可能不發展服務業,不可能把金融、貿易、物流、專業服務業等產業留給香港而自己不發展,實際上目前廣東各城市均在大力發展這些產業。同樣,香港也並非不可以發展製造業和廣東的其他優勢產業。這種一廂情願的「定位」和「分工合作」並不符合市場的趨勢和現實,自然成為無稽之談。

近期,珠三角多個城市到香港開展新一輪招商,紛紛瞄準香港的優勢產業、核心企業,吸引香港企業將部分總部功能轉移到珠三角。在市場條件下,各城市競爭不可避免,也是健康和正常的,香港也應

該加入市場競爭，努力提升自身競爭力。而且，「國家（大灣區）所需＋香港所長」是香港與內地（珠三角）合作的總體思路，既為香港自身帶來了巨大的發展，又讓香港在國家實行改革開放的歷程中發揮了不可替代的作用。

但我們認為，走到今天，香港傳統的優勢已經不足以支撐香港未來的長遠發展，「超級聯繫人」的角色也不足以為香港創造足夠的、多樣化的發展空間。粵港澳大灣區的發展，在延續「大灣區所需＋香港所長」思路的同時，應加入「香港所需＋大灣區所長」的新思路，推動各城市優勢資源的多方向流動，互取所長，互補所短，共同發展。

粵港澳大灣區建設成功的關鍵：協同

協同發展是灣區經濟發展的客觀要求。具有約束力的區域協同發展機制是促進區域協同發展的可靠保障。灣區建設仍需中央牽頭推進，在市場主體自發合作的基礎上，加強中央層面的協調。結合「一帶一路」倡議，協調灣區的長遠發展與合作，優化產業的區域合理性和整體性布局，避免同質競爭，形成分工合理的城市群發展體系。

一、從國家層面建立具有約束力的大灣區治理協調機制

全面實現由粵與港、粵與澳雙邊合作向粵、港、澳多邊合作轉變，由單項推進向綜合推進轉變，共同增強灣區經濟發展核心要素功能。發揮各中心城市引領輻射功能，打造香港全球金融中心，發揮廣州商貿中心功能，建設以深圳為重點的創業創新圈。構建科學合理的灣區

協調發展機制，提升灣區各級統籌管理機構的權威性，在處理重大問題時有較大話語權和處置權。逐步實現灣區內部協作發展機制的制度化、常態化。構建多元化城市群發展網絡體系，引導社會、企業等多元主體廣泛參與。

二、推進珠三角一體化發展，實現高度一體化的區域發展戰略

這主要包括區域發展定位一體化、產業布局一體化、基礎設施建設一體化、公共服務一體化和市場運作一體化。通過加強合作，推進「深湛鐵路」「深中通道」「穗莞深城際軌道」「贛深高鐵」等項目的規劃建設，打通區域合作戰略通道，形成灣區經濟發展聯動效應。在更大範圍內集聚資源、贏得市場、拓展腹地、外溢發展，建立灣區驅動新引擎、發展新空間、產業新格局、城市新形象、支撐新架構等優勢，促進環珠江口灣區乃至整個粵港澳大灣區的崛起。

三、構建協同發展的現代產業新體系

當前全球製造業競爭進入新階段，大數據、人工智慧、3D列印等成為新經濟增長的核心引擎，資訊科技、智慧城市等領域成為製造業高地。珠三角地區深耕於製造業多年，具備強大實體經濟實力，又依靠粵港澳大灣區，將大步邁向「工業4.0」。在灣區經濟驅動下，珠三角城市群之間的物流、資訊流、資金流將以更快速度流通，促進灣區整體經濟的發展。同時，珠三角強大實體經濟實力有助於彌補港、澳「工業空心化」的缺陷，港、澳則以強大的對外貿易平臺反哺珠三角製造業。

因此，環珠三角灣區的產業結構調整，要根據發揮優勢和共同發展的指導思想，打破行政區劃界限，統籌規劃。堅持以市場為導向，加快區域性產業結構的優化和調整，協同整合產業優勢，培育若干具備世界級競爭力的產業群落，建立合理分工和梯度互補的產業體系。

第一，建立合作共贏的產業發展格局，打造世界級「先進製造業+現代服務業」基地。堅持一體化、集聚化的發展方向，遵循產業發展一般規律，強化市場導向，依託各地產業基礎、資源稟賦，加強產業鏈上下游深度合作，構建主導產業突出、區域錯位協同、空間集聚優化的產業一體化發展新格局。

第二，建立產業合作發展平臺。堅持開放、合作的發展理念，加快建設中國（廣東）自由貿易試驗區，充分發揮其在進一步深化改革、擴大開放、促進合作中的試驗示範和引領帶動作用，積極引導港、澳產業資源與珠三角對接，促進粵、港、澳間產業深層次合作。支持珠三角各市發揮各自優勢，與港、澳共建各類合作園區，推進港、澳青年創業基地建設和發展。以泛珠三角經貿合作洽談會、中博會為重要平臺，積極支持粵、港、澳傳統產業向中西部地區有序轉移，提升城市群產業能級。探索建立自由貿易港區，依託南沙保稅港區和南沙保稅物流中心等建設，探索建立南沙自由貿易港區，並建立與國際自由貿易港區接軌的通行制度。

第三，打造國際科技創新中心。世界級灣區的核心城市是世界創新資源的集聚中心和創新活動的控制中心，是人類知識和技術的生產和推廣的重要基地，引領世界科技潮流。

首先，應編製建設科技創新中心發展戰略規劃，統籌利用全球科

技創新資源，完善創新合作體制機制，優化跨區域合作創新發展模式，加快形成以創新為主要引領和支撐的經濟體系和發展模式。粵港澳大灣區應把科技研發作為核心城市經濟的主導產業，把培育創新引擎企業和世界一流大學作為重點，建立科技創新成果產業轉化中心，打通「關鍵中間環節」，將工業化和資訊化相結合，大力推廣數字製造技術和智能技術，推動製造業轉型升級。

其次，加強自主創新財政投入、知識產權保護等支撐體系建設。建立以風險投資為主體的民間互助基金，促進中小型高科技企業融資，推動科技型私營企業的發展。

再次，進一步加大人才引進力度，除了2018年下半年推出的「港澳臺居民居住證」外，也要探索降低永久居留權門檻、放寬簽證期限、個人所得稅減免等人才政策的試點，優化引才環境，集聚全球頂尖人才。

最後，加強區域合作與國際合作，完善區域創新布局，構建開放融合、布局合理、支撐有力的區域創新體系。依託國際自主創新示範區建設，粵港澳大灣區將充分發揮其科技優勢，積極吸引和對接全球創新資源，加快構建區域協同創新體系，推動內地和港、澳科技合作體制機制創新。隨著國際化創新平臺、聯合實驗室和研究中心的建立，未來粵、港、澳科技創新將開啓高速發展模式。

第四，構建全球化平臺，建立現代化和國際化的制度規則。在「一帶一路」倡議和粵港澳大灣區建設戰略下，隨著大灣區區域合作對象向外拓展，東盟、拉丁美洲、非洲逐漸成為新興貿易夥伴。粵港澳大灣區應充分發揮地區優勢，明確自身角色，加強國際貿易與綜合

服務功能的培育，建立開放的經濟合作載體與全球化平臺。

首先，構建與全球投資貿易規則和制度相銜接的營商環境。牢牢把握國際通行規則，加快形成與國際投資、貿易通行規則相銜接的基本制度體系和監管模式，以自貿區制度建設為著力點，打造國際化營商環境。此外，通過構建港口聯盟，搭建「一帶一路」沿線城市的合作平臺，加強「一帶一路」貿易互聯，確實加強與「一帶一路」沿線、世界著名灣區和新興經濟體國家的中心城市建立更加緊密的聯繫與合作，深刻把握世界先進城市的發展規律，認真汲取其在經貿、科技、文化等領域參與國際通行規則制定的經驗和教訓。

其次，以包容性發展的理念推動灣區制度和規則的改革創新。制度和規則的適用需以市場經濟發展為服務載體，按照國際規則自覺、自主、自信地融入世界發展潮流，進一步建立完善有利於經濟開放的政策框架和服務體系，促進集聚和利用國際資源的能力增強，並在提升經濟的國際輻射力、競爭力上見到更大的成效。制度和規則需為創新發展提供有力保障，我們應注重對創新環境的培育，經濟全球化與區域一體化推動了創新要素的跨國、跨區域流動和整合，在未來面向全球的產業創新與經濟結構調整中，必須依靠創新謀發展。

再次，以國際化的標準打造宜居宜業生活環境。對內，以改善民生為重點，提高社會管理和公共服務能力和水準，增加優質公共服務和生產生活產品供給，打造國際化教育高地，完善就業創業服務體系，加強人文交流，促進文化繁榮發展。對外，隨著對外開放向縱深發展，國際間的人員交流越來越成為一種常態，一些外籍人員在辦事、居住、就醫、求學等方面還不夠便利，在服務管理上也存在一些不適之處。

對外籍人員在出入境、居住、創業、就業等方面的先行先試政策，能為國際人才到灣區工作生活提供便利，使灣區城市更加宜居宜業。

最後，構建高效便捷的現代運輸體系。交通基礎設施建設是粵港澳大灣區建設的重要載體和內容。交通層面的互聯互通，不僅有利於在物流運輸領域提升粵港澳大灣區的競爭力，金融服務、旅遊休閒、科技創新等多個行業也將受惠於這些基礎設施建設工程。為了加強灣區城市群之間的經濟、物資、交通等聯繫，粵港澳大灣區應進一步加快大灣區基礎設施建設，推進基礎設施互聯互通。同時，發揮香港作為國際航運中心的優勢，帶動粵港澳大灣區其他城市共建世界級港口群和空港群，優化高速公路、鐵路、城市軌道交通網絡布局，推動各種運輸方式綜合銜接、一體高效。強化城市內外交通建設，共同推進區域重點項目建設，打造快捷交通圈。

組建粵港澳大灣區港口聯盟

粵港澳大灣區擁有三個世界級的貨櫃港口，貨櫃吞吐量規模居全球第一，加上其地理優勢，粵港澳大灣區的龐大港口群規模已逐步形成。但是，作為全球最密集的港口群，卻缺乏有效的溝通及協作平臺，各港口基本上是各自營運，互有競爭。作為粵港澳大灣區規劃的一盤棋，我們應組建大灣區港口聯盟，共同開拓國際市場，減少惡性競爭。

可以參考丹麥的哥本哈根和瑞典的馬爾摩在松德海峽大橋通車後，迅速組建聯營港口，兩個國家的港口合併組建一家公司是史無前例的。

兩個港口通過資源共享，簡化用戶談判程序，統一物流服務，平衡貨物運量，減低空箱率及貨櫃成本，經過約18年的發展，松德區聯營港已逐漸成為歐洲航運中心及物流集散中心。

因此，為了更科學和高效地處理港口事務，協調粵港澳大灣區港口群的內部關係，提升大灣區整體競爭力，建議成立類似美國舊金山灣區委員會的民間組織或半官方的大灣區協調機構——粵港澳大灣區港口聯盟。它的主要任務是：與所有相關港口營運者建立聯繫，確立基本合作原則及決策機制，確定合作重點和短中長期發展路線圖，規定落實主體和實行時間表。若隨著大灣區的合作進一步深化而需要政府介入，還可考慮把聯盟升格為管理局，並發展成為一個從儲存、包裝、裝卸到流通、加工、配備等全功能具備的新型國際航運聯盟。

組建粵港澳大灣區港口聯盟，目的是把區內競爭引向良性及有序的競爭。市場競爭是保持大灣區港口競爭力的關鍵，因此，大灣區港口聯盟在推動分工協作之餘，也應維持各港口之間恰當的競合關係。同時，大灣區內的地方政府也可以通過為企業提供投資環境及產業狀況等數據，制定與資金、技術、土地等相關政策或措施，提高港口聯盟的吸引力，全面提升灣區內企業的國際市場佔有率。港口聯盟還可以進一步組建成為類似聯營港、航運公司聯盟的組織，和航運公司之間可以優勢互補，借著分享船隻、航線和停靠港去降低物流成本，從而搶占國際航運市場，甚至成為「創新型國際航運聯盟」。

相信這個「創新型國際航運聯盟」能提升區內港口在市場上的集體議價能力、市場競爭力及國際影響力，期望有能力與世界三大航運聯盟，進行集體議價，提供商務優惠，爭取更多船隻使用粵港澳大灣

區港口。此外，未來還可與「一帶一路」沿線國家和地區的港口結成聯盟，例如馬來西亞巴生港、東非吉布提港、巴基斯坦瓜達爾港、緬甸皎漂港等，共同開拓「一帶一路」市場。

粵港澳大灣區港口聯盟的建立，可按照貨種、船型、碼頭能力等進行專業分工，規範市場秩序，減少惡性競爭等情況。同時，港口聯盟可為大灣區內各港口進行適度的分工和統一調配資源，以提高大灣區港口資源的利用率。港口聯盟還可對各港口進行分工及定位，對岸線、泊位、大型設備等港口資源進行合理布局，平衡貨物運量和降低空箱率，使灣區港口資源得到最大利用，提升效能及效益，並通過成本共擔，推動行業技術革新，增強粵港澳大灣區港口競爭力。由於港口是支撐區域經濟發展的戰略性基建之一，組建港口聯盟，形成完整的港口服務供應鏈，不僅可吸引航運公司，也會吸引優質企業（包括創科企業）在灣區內集聚，形成大灣區的生產要素集散中心。這樣可以吸引高質量的國際科技項目和金融項目在灣區內落戶，提升灣區內的科創企業能力和製造業水準，並把發展紅利在區域內輻射。同時也能推動相關研究機構及智庫在灣區內成立支部，為未來港口發展提供思想、方法和技術。

把粵港澳大灣區打造成為國際科技創新中心

未來粵港澳大灣區的發展是科學的發展，我們必須貫徹「創新、協調、綠色、開放、共享」的發展理念，共同把粵港澳大灣區打造成為國際科技創新中心。我們建議，未來粵港澳大灣區應該進行如下建設：

第一，世界級科學裝置群。毫無疑問，粵港澳大灣區未來應該是國家生命科學、人工智慧等領域的重點布局之一，必須建立「大科學」裝置。

第二，世界一流的學科群。由於香港的大學具有世界級水準，連同廣州及深圳的重點大學和研究院，以及大灣區內200多所大學，有望成為世界一流的學科群。

第三，國際化人才聚集地。要把全球優秀科學家聚集到粵港澳大灣區，伴隨著科學技術人才而來的將會是科技產業與科技經濟，在科學技術與資金的雙重優化配置下，大灣區將會形成未來的經濟增長極。

第四，全球創新網絡樞紐。過去，香港扮演的是貿易樞紐的角色，下一步，香港要成為全球創新網絡樞紐。

第五，價值鏈高端產業群。在粵港澳大灣區內打造若干個千億級、萬億級高端產業，生產引領市場及潮流的產品，奠定世界領先地位。

第六，世界通行物聯網標準。粵港澳大灣區需要利用市場的推動力去製造世界通行的物聯網標準，廠商使用同一標準進行科研和產品開發。

第七，科研成果產業化加速器。科研成果不僅要產品化，也要產業化，要成為創新的「力量」。

首先，在科研經費方面，廣東省政府目前不允許獲得省政府批准科研項目的省外機構將經費跨境撥付給香港的科研機構。如果今後能夠跨境撥付，相信可以促進兩地科研合作，吸引更多科技企業、科研機構在香港落戶，或香港科研機構在深圳落戶。另外，可以考慮離岸基地的建設，消除科創資金流動障礙。粵、港、澳科技合作計劃的規

模太小,這種「大資金、小流量」的情況一定要改善,再加上人民幣跨境流通的問題,港、澳小的金融機構及融資進不去,也會造成障礙。因此,我們建議增加粵、港、澳三地聯合研發投入比例,進一步加快科研合作。

其次,在數據樞紐建設方面,可以考慮在香港試點,在符合一定條件下,把數據放在香港。通過完善一些配套措施,讓美國、歐盟、日本等也能把數據放在香港,並在大數據和人工智慧等方面的發展上,通過大灣區給予支撐。另外,保證跨境科研數據的暢通也要考慮。科研數據應該如何通過專線、專區去流通及處理,公共數據如何交由監管機構營運,需要內地和香港專家繼續探討。

最後,在金融科技方面,粵港澳大灣區也是研究應用區塊鏈科技進行「智能合約」「區域電子身分證」的最佳試點。在技術上,我們有深圳的金融科技人員,在市場上,我們有面向國際的香港金融市場,可以支持「智能合約」的研發及市場應用。而「區域電子身分證」是參考愛沙尼亞的例子,只要在粵港澳大灣區登記電子身分,就能在區內經商,包括申請營業執照、進行電子交易、交稅、申請社保等,方便區內人士交流。

第八,區塊鏈特區。在新興的互聯網金融領域,粵港澳大灣區擁有不少優勢。一是粵港澳大灣區內的各地政府,對科技及金融領域的創新均持開放態度,創新創業在區內如雨後春筍般出現,大有優勢發展成為一個互聯網經濟樞紐。二是粵港澳大灣區的創新能力和綜合實力都很強,無論是創新創業的基礎,還是相關人才儲備,都非常雄厚和豐富。三是粵港澳大灣區有「先行先試」政策,而且當前的產業結

構也適合應用區塊鏈技術進行創新化、品牌化、服務化和國際化轉型。因此，粵港澳大灣區可考慮創建區塊鏈特區，並在以下幾個方面著力：

一方面，可以通過區塊鏈技術升級貿易供應鏈系統，提升粵港澳大灣區港口的國際競爭力。「一帶一路」倡議提出了貿易暢通的要求，首先是物流、航運系統能夠快捷、安全、準確和方便。通過區塊鏈技術，可以創建點對點和完整的去中心化網絡，不但可以確保相關資訊的可追蹤性和安全性，詳細記錄進出口貨物從出發港口到接受港口過程中的所有步驟，更可將進出口商、貨運商、代理商、銀行、檢驗檢疫和海關等貿易供應鏈的各方都通過去中心化網絡連結起來，使各方都可通過該網絡進行直接溝通，而不必再通過及依賴特定的中心化機構來逐步進行，節省了當中的各種時間和成本，實現粵港澳大灣區各港口的功能、服務和技術創新，以提升港口國際競爭力，滿足「一帶一路」下擴大貿易規模、增強貿易合作的需求。

另一方面，區塊鏈技術可以應用於升級跨境業務，打造新的跨境支付方式。粵港澳大灣區內的跨境電商、海外代購和海外投資併購等業務快速增長，當前的傳統跨境支付方式清算時間較長、手續費較高且有時候會出現跨境支付詐騙行為而帶來跨境資金風險。通過區塊鏈技術打造點對點的支付方式，去掉第三方金融機構的中間環節，不但可以全天候支付、瞬間到帳、提現容易及沒有隱形成本，也能降低跨境電商資金風險及滿足跨境電商對支付清算服務的便捷性需求。

數據顯示，由於傳統金融的支付體系不夠發達，全球仍有逾 25 億人沒有銀行帳戶，並且主要集中在不發達國家和地區。通過區塊鏈打造的新跨境支付方式如能與智慧手機結合，為這些無法接觸銀行的人

們提供低成本、快捷的支付服務，不但能促進中國與不發達國家和地區在互聯網金融領域的互聯互通，也能推動雙方的經濟發展，符合「一帶一路」的共商、共享和共建原則。

區塊鏈技術的發展也許需要再過幾年才能完全顯示出潛力和優勢，但粵港澳大灣區若能先行建設區塊鏈特區，必將為自身未來的發展乃至「一帶一路」的建設帶來助力。

第九，具有透明度的貿易規則與秩序。在新時代、新的條件下進行貿易，就有新的概念。過去我們的貿易可能是物、人和資金的交流。未來更占主導地位的是資訊、思想、知識和創新的貿易。粵港澳大灣區未來將會成為全球經濟中心的中心、全球創新中心的中心。思想、文化、知識、技術等「軟件」會是大灣區生產的重要產品，也是大灣區貿易的重要產品。因此，粵港澳大灣區既是生產者，也是貿易者；既是標準的參與者、制定者，也是軟實力的累積者。

把深圳河套地區打造成為匯聚全球資源服務的戰略平臺

在 2018 年 8 月 15 日召開的粵港澳大灣區建設領導小組全體會議上，對粵港澳大灣區的其中一個定位是「國際科技創新中心」，包括建設「廣深港澳科技創新走廊」。深圳河套地區有望會成為「國家自主創新平臺」「粵港澳大灣區國際科創中心平臺」「深化深港緊密合作關係平臺」，把深圳及香港科創產業推向更高層次。

正如前文所說，香港的科研成果，可以在深圳河套地區進行轉化，然後產品化和模塊化，再在大灣區內進行量產。深港在產學研合作上

有潛力與世界級產學研合作水準對標，建立一個官、產、學、研的開放交流機制，從而形成創新體系。

因此，國際官產學研暨知識產權轉換中心將會是對接國際知識產權，有望成為國家「知識產權交易」的最高標杆。把學者的知識產權，由官方機構進行價值評估，並引導創投基金、產業或社會資金進行產權交易（包括現金、貸款或股份形式交易）。把整個深圳河套地區的知識產權用香港知識產權相關法律進行保護，所有交易及糾紛的解決也用香港法律。

香港早在 1996 年已實行《個人資料（隱私）條例》，這是亞洲首個就個人資料（隱私）專門頒布的法例。加上許多海底光纖都是在香港上岸，香港的國際通信費用相對低廉，網絡問題較鄰近地區較少。完善的基礎架構設施，包括通信、電力供應和物業管理為香港建設國際數據中心樞紐提供了保障。香港可以向中央申請把深圳河套地區打造成為國際數據安全港，之後由該區港方代表爭取與國際協商，把香港放進數據白名單，進行數據合規交換，負責數據安全，方便企業等不同機構進行數據交易。

由於深圳河套地區是「一國兩制」要素跨境流動特別示範區，是成為深港數據特區的理想地點，可以成為深港數據融合集散地。我們認為可以利用其先行先試優勢，促進跨境海量數據交流，並成為對外資訊開放試點，與海外接軌。還可以設立深港數據交換專線，在港方園區設立數據中心，存放非敏感及不涉及國家安全的數據，比如貿易、出行、金融及食品等。另外，吸引國外智庫的數據放在香港進行分析並產生價值，最終變成商業智能，為粵港澳大灣區增值。

未來粵港澳大灣區要成為優質生活圈，還需要在「大健康」上多下功夫。雖然香港和內地在生物製藥上各有標準，但如果在深圳河套地區打造國際生物醫藥中心品牌，就可以在港方園區進行藥品科研及市場化，再在深方園區進行製藥，相信產品既能符合內地要求，也能達到國際水準的標準。

另外，要做好國家品牌，嚴控產品質量。針對外國媒體一向對國家產品質量持有懷疑態度，多家國際知名的品檢機構均已在香港設有分支。我們可以將深圳河套地區打造成為「國際檢測中心」，並讓國家出口需要驗證的產品及服務（包括軟體及硬體）經過這裡驗證及品檢出境，以確保出口產品的質量沒有問題，從而建立信心。再進一步，我們還可以設立檢測產區數據庫，凡在數據庫內的產品是經過多重檢測及認證的優質商品，並舉辦優質產品比賽，樹立深圳河套地區的優質檢測品牌形象。

深圳和香港具有產品商業化及產業化的卓越能力，再加上香港作為獨立關稅區可以進口一些內地無法進口的生物科技、檢驗檢測以及科研的高端設備，做到深港強強聯手，成為匯聚全球資源服務的國家戰略平臺。

第五章

粵港澳大灣區建設與我們息息相關

作為中國的第一個大灣區規劃，毋庸置疑需要高瞻遠矚的頂層設計。粵港澳大灣區未來的建設不僅要虛實結合，還要聚焦民心、民生工程。只有涵蓋更多民心、民生的具體措施，令大灣區多數普通民眾能夠受益，規劃才能得到廣大民眾的衷心擁護和參與。

　　如果這樣，我們都成為「大灣區人」有何不可？「大灣區人」概念的好處，是人們不再以城市本位去思考，而是以最科學和最適合自己的方式去選擇就業、置業和生活的地區。

粵港澳大灣區建設如何讓民眾受益

　　早在 2018 年年初，澳門青年聯合會曾發布《青年人前往內地工作或創業的意欲調查及研究》，調查對象是 18~45 歲澳門居民，在成功收集的 629 份有效問卷中，只有約 30% 的受訪者認為自己不瞭解「粵港澳大灣區」的相關內容。香港相關機構類似的調查，也得出了近似的結論。

這些數據反應了粵港澳大灣區的宣傳效果其實不錯，但要推動民眾積極參與大灣區建設，考慮到各城市的特殊性，若僅靠鋪天蓋地的宣傳是遠遠不夠的。作為市場程度高度發達的粵港澳大灣區，普通民眾比較「現實」，較多關注和自身利益相關的事情，和自身利益無關的往往選擇忽略。因此，要想推動更多普通民眾積極參與大灣區的建設，還需解決民眾的「冷感」問題。

據我們的觀察和切身體會，粵港澳大灣區作為富裕的地區，很多開始富有的民眾容易對政府的規劃和各種讓經濟快速發展的措施產生「冷感」。政府的各種規劃確實能夠促進經濟增長和創造就業，但越來越多生活在大灣區的民眾也感覺到，經濟快速發展未必能帶來普遍的「富足」。

一方面，粵港澳大灣區民眾的「富足感」較難再出現顯著增加。英國有研究機構在大量分析聯合國人類發展報告數據後指出，當一個地區的人均GDP增加到1.5萬美元以上之後（澳門2017年人均GDP約為6.9萬美元，香港2017年人均GDP約為4.6萬美元、廣東珠三角地區2017年人均GDP約為1.7萬美元），經濟增長所帶來的人均壽命增長、教育參與率等「富足感」指標就不顯著增長。

例如在美國，自1950年以來實際平均國民所得增長了3倍，但自認為「非常快樂的人」，其比例幾乎毫無增長，從20世紀70年代中期開始還反而降低了。再例如，日本經濟雖然遭遇衝擊，但日本民眾的生活滿意度卻從沒有下滑，而且日本民眾平均壽命的上升速度反而比前20年更快。

另一方面，經濟快速增長未必能增加「富足感」的同時，還會不

停地製造新的「麻煩」，普通民眾多數未能受益。例如，經濟擴張所引發的環境問題實實在在地威脅到了人類的生存。另外，很多大灣區的民眾認為，經濟增長所帶來的財富，只是進入了少數人的口袋，造成越來越大的貧富差距，更多的民眾並未能受益。因此，在很多「小富即安」的粵港澳大灣區的民眾眼中，即使經濟增速不高，但他們依然可以安居樂業，各種讓經濟快速發展的規劃，不但難讓自己得益，反而擾亂了寧靜的生活。

在這種情況下，隨著港珠澳大橋的建成，珠三角東西兩岸的民眾地理距離被拉近，該如何推動粵港澳大灣區內近7,000萬常住人口積極參與大灣區建設呢？我們認為，對於眾多粵港澳大灣區的普通民眾來說，主宰他們思想的主要不是未來，而更是現狀。在多數人看來，保持現狀不是生活的一部分，而是生活的本身，既然大灣區的眾多民眾假設現狀會永遠持續下去，那麼我們有如下幾個具體建議，或許可以讓為數眾多的大灣區民眾感受到——「改變」不但是生活所需，更是生活本身。

一、考慮發行粵港澳大灣區建設公債，推動大灣區民眾共同購買和分紅

粵港澳大灣區的11個城市，我們都曾前往考察過。除了極個別城市之外，多數城市的民眾屬於「有錢又有閒」階層，已經過上「小富即安」的生活。這和往常在其他地區推行的發展規劃不一樣，由於粵、港、澳地區的民眾相對其他地區的民眾要富裕一點，對發展的渴求要弱一點，因此規劃需要狠狠地「擊中」他們的「癢點」，才能吸

引他們積極參與。

「癢點」之一，或許就是投資理財。對於開始富起來或者手有餘錢的民眾，多數有對資產保值、升值的需求。如果相關部門可以發行粵港澳大灣區建設公債，降低購買公債的標準（例如最低「入場費」為1,000元人民幣），以吸引粵港澳大灣區的本區民眾購買，或許可以取得一舉兩得的效果。

一方面，可以增加粵港澳大灣區民眾的參與感。如果發行的公債，能夠收穫不低於通膨率或者普通理財產品的收益率，那麼由政府相關部門發行的公債可以極大地吸引民眾的興趣。尤其是建設公債完全用來投入粵港澳大灣區的建設，為大灣區增加便民的基建設施，且未來有收益還可以分紅，這將吸引比較「現實」的大灣區民眾參與。如果他們付出了真金白銀並共同參與大灣區的建設，那麼自然就不會對大灣區建設產生「冷感」。另一方面，政府公債可以為粵港澳大灣區的建設帶來穩定資金。粵港澳大灣區常住人口近7,000萬，即使每次發行公債都只有3,000萬人購買該公債，假設「入場費」為1,000元人民幣的話，那麼每次發行公債都可獲取約300億元人民幣的資金，可以有效推動粵港澳大灣區的各項建設。

「癢點」之二，或許就是「特權」。隨著港珠澳大橋和香港高鐵的建成，南下香港的交通便利性增加了，相關部門可以考慮給粵港澳大灣區常住居民發放「大灣區智能卡」，享受大灣區的各項優惠服務。例如，持有「大灣區智能卡」的民眾，享受大灣區內各大景點和主題公園的票價優惠，以及出入境、機場和高鐵等專有過關通道等服務。

二、為粵港澳大灣區的民眾提供更多、更好的醫療健康服務

粵港澳大灣區是一個「富裕」的區域，但並非「富足」的區域，這從醫學院的數量可以看出來。我們比較了粵港澳大灣區和西方富足國家（區域）的差距，例如在英國和法國，每百萬人口的醫學院數量約為2個，而德國約為3個，這些國家醫學院的數量是粵港澳大灣區的3~4倍，這意味著粵港澳大灣區的醫學院數量遠達不到國際富足的標準。

英國醫學委員會曾指出，醫學院的使命具有三個不可或缺的作用：教育、提高知識和服務社會。對於粵港澳大灣區開始走向富裕或者已經富裕的民眾而言，僅是經濟發展與富裕的生活已不能滿足他們，他們更多需要的是富足的生活——更好的生活質量和身體的健康，所以，醫療的支持和保障成為他們非常關注的事項。

因此，粵港澳大灣區規劃除了要推動經濟發展之外，還需要以人為本，通過建設醫學院，推動更多的醫學發展，並逐步建立粵港澳大灣區全民醫療保健服務體系，以滿足大灣區民眾對醫療健康越來越高的需求，讓民眾可以更加健康地生活和安居樂業。

三、進一步推動粵港澳大灣區大學大學生之間的交流與合作

粵港澳大灣區的未來，需要依靠大灣區的年輕人，尤其是依靠在大灣區大學就讀的大學生們。但由於大灣區的大學生們成長背景不同，他們彼此之間需要更多機會和時間來瞭解對方。我們認為，各類體育活動的交流或者互相到對方城市工作和生活等，應是很好的橋樑和紐帶。

首先，在體育活動方面，我們建議打造屬於粵港澳大灣區的「常春藤」聯盟。美國常春藤盟校最早指的是非正式的大學美式足球賽事聯盟，是由美國東北部地區的8所大學組成的。各個成員學校之間的合作與聯誼是由常春藤的學生自治組織——常春藤聯盟學生理事會主導的，活動在每年的春、秋兩季舉辦，每所學校都會派出代表參加。在活動中，每所學校的管理層都會討論學校日常事務或發起活動與倡議。

如果粵港澳大灣區的大學可以參考美國常春藤盟校的模式，打造屬於自己的「常春藤」聯盟，由粵港澳大灣區的大學發起，舉辦各種常規化的、定期性的大眾體育項目，如足球、龍舟和舞獅舞龍等賽事，那麼將會進一步加強大灣區內大學生們的交流和凝聚力。

其次，在人才交流方面，我們建議在推動港、澳年輕人前往珠三角工作的同時，在廣東的大學中選取部分能力出眾的大學生或畢業生們，在自願的情況下，以「工作假期計劃」的方式，或者其他任何適宜的方式前往港、澳工作和生活一段時間。此舉一方面可以為港、澳補充新的勞動力，另一方面也可以讓他們通過在港、澳的工作和生活，瞭解更多的港、澳文化，為未來的人才融合奠定深厚基礎。

最後，我們認為，「常春藤」聯盟和「工作假期計劃」的建議可以先在廣東的大學（如暨南大學）試點。暨南大學是中國內地大學當中擁有最多港、澳學生就讀的大學，已有約6萬名香港學生和3萬名澳門學生先後在暨南大學就讀，目前仍在讀的約有5千名香港學生和2千名澳門學生，而香港學生前往中國內地大學就讀的總人數目前也只不過約為1.5萬名。在此基礎上，可以在暨南大學進行「粵港澳大

灣區民心與民生工程」試點，從中總結成功經驗，得出合作模式，再逐步推廣到粵港澳大灣區的其他大學。

如今，隨著港珠澳大橋的建成和粵港澳大灣區建設的逐步推進，「硬件」配套已經準備就緒，但「軟件」極需補上，而這一「軟件」的核心，實質就是港、澳民眾和廣東民眾的融合問題。

如果從經濟學上看，粵港澳大灣區的合作，港、澳和廣東要融合，尤其是港、澳要融入中國內地的發展浪潮，實際上是體現了經濟學上的「一價定律」。作為世界第二大經濟體，中國經濟不但體積極大，而且市場需求極大，港、澳要融入其中，則需要進行調整，以能適應中國內地的市場需求，並反作用於中國內地繼續融入世界經濟體系。

我們認為，只有粵港澳大灣區內各城市之間的民眾不分你我，互相理解對方的訴求和難處，大家都把自己當成「大灣區人」，才能真正推動粵港澳大灣區的融合和建設。

「大灣區人」可成為我們未來的新身分

試問：我們未來都成為「大灣區人」有何不可？有人說美國和東京的灣區並沒有「灣區人」概念，其實不然。

我們並非要求政府建立官方的「灣區人」行政規劃，或者發一本灣區通行證，而是認為將來隨著灣區進一步融合，人們自然而然會有這種概念。事實上，「哪裡人」本來就是一種文化上的概念，也不需要強加在大家身上。美國的「灣區人」也不是政府提出來的，加州灣區的人自己也講不清楚到底算哪個城市的人。未來隨著粵港澳大灣區

的發展，也可以做到和加州灣區一樣，公司總部在深圳，孩子在香港上學，自己在佛山上班，而週末到珠海的房子休息。

有人又提出紐約人很驕傲地認為自己是「紐約客」，但「紐約客」的定義並不是在紐約出生，而是在紐約工作又能夠生存下去，才能自稱為「紐約客」。紐約是全美國人乃至全世界人的紐約，而不是在紐約出生的人的紐約。今天的香港，做得到嗎？香港和紐約都是移民城市，因為種種原因吸引了一群又一群精英「落地生根」，也成就了這兩個國際大都會的發展。可惜過去十幾年以來香港有一種非常奇怪的排外心態，而且很多時候只排內地來的「外」，顯得非常不包容。

紐約灣區的歷史發展是圍繞著紐約市進行的，其他的城市更多是為與之配套，而今天的粵港澳大灣區並不一樣。20年前，香港的確有一個機會，可以提出「香港大灣區」概念，即以香港為中心，帶動整個珠三角的發展，可惜自己放棄了這個機會。不管是港珠澳大橋，還是「姍姍來遲」的高鐵，加上香港對內地人才的種種限制，都讓香港錯失了成為大灣區中心的機遇。

時至今日，香港要把握粵港澳大灣區的機遇，一定要放棄過去「香港本位」的傲慢思想。香港在粵港澳大灣區的位置，應該是「舊金山」而不是「紐約」。誠然，香港今天還有很多優勢，但是必須認識到，香港的增長速度長期是大灣區規劃內珠三角九市的一半都不到。粵港澳大灣區的發展將會是由創新驅動，而創新和科技恰恰是香港過去的劣勢。只有互相欣賞，互創價值，才能夠真正做到優勢互補，並船出海。至於廣州人、東莞人、珠海人是否會認為自己是「大灣區人」，這要看大灣區未來的發展。「風物長宜放眼量」，我們相信，假

以時日,「大灣區人」會成為我們未來的新身分。

推動香港年輕人「走出去」與立足本地發展

幫助香港年輕人到粵港澳大灣區發展,或在香港以外的地方開拓年輕人發展的空間,無疑是粵港澳大灣區議題下的一個熱點。從提升通關的便利性,到福利可攜、國民待遇、稅收優惠,再到為香港年輕人提供具體的就業和生活指導、聯絡服務,均有大量政策建議及實踐。

毫無疑問,香港市場小、成本高、土地資源有限,香港年輕人進入粵港澳大灣區,既能在更大的地域空間內謀求個人的發展,也能為國家出一份力,未來應進一步大力探索和鼓勵。

同時,也必須指出,培育、吸收、留住人才,始終是每一個城市的人口及人才策略的根本所在。未來,為有志建設香港、願意及希望留在香港發展、或無能力到內地發展的香港年輕人創造發展的機會,打通向上階層流動的通道,讓他們能在香港安居樂業和實現個人價值,也是香港發展的核心所在。

另外,在老齡化的趨勢下,年輕人事實上是寶貴資源,是勞動力市場的新鮮血液,是納稅人口未來的生力軍,內地多個城市均在努力吸納年輕人資源。香港老齡化來勢洶洶,吸引並留住更多年輕人,以應對勞動人口與非勞動人口比例快速下降的挑戰,實為明智之舉。

可見,解決香港年輕人的問題,既需要粵港澳大灣區的視野,讓年輕人可以流入大灣區,也需要本地行動,在本地為年輕人創造更多的機遇和向上流動的管道,不能顧此失彼。

優化粵、港、澳私人小汽車跨境流動

粵、港兩地政府自 1982 年起實施跨境車輛配額制度並共同管理，確保過境口岸運作順暢。目前可經落馬洲（皇崗）、深圳灣、沙頭角、文錦渡等口岸出入境的私家車共約 3 萬輛，加上廣東省政府近期就港珠澳大橋口岸向港方發出的 1 萬個配額，預計年內登記兩地牌照的香港私家車超過 4 萬輛。按當前出入境安排，香港私家車若要入境內地，必須先取得廣東省公安廳簽發的「粵港澳機動車輛往來及駕駛員駕車批准通知書」，然後向香港特區政府申領「封閉道路通行許可證」，才可從指定口岸過境。

隨著港珠澳大橋、廣深港高鐵的建成，粵、港、澳「一小時生活圈」正在形成。不過加強硬件建設是一方面，同樣不能忽略的是軟件配套，只有兩者互相配合，基建的經濟和社會效益才能得到最大限度發揮。在軟件配套方面，由於粵、港、澳三地仍存在出入境管制，如何在現有制度框架內優化通關安排，成為突破要素流動瓶頸、促進區域融合的務實方向。

港、澳私家車入出內地必須從指定口岸通關的安排，主要是為照顧特定口岸的處理能力，但在實際運作中卻對使用者造成一定困擾，其中等候時間過長是一項突出問題。以深圳灣口岸為例，自 2007 年通車以來，車流量不斷增加，尤其是南行過境車輛在繁忙時段要長時間等候。此外，如一輛由香港東出發去往深圳東的私家車必須從深圳灣口岸入境，這樣不但會增加深港兩地市內交通壓力，還會造成額外碳

排放。因此，港、澳私家車入出內地口岸用時較長，既不利於陸路口岸經濟和運輸效益的充分發揮，也對提升粵港澳大灣區整體競爭力、構建「一小時生活圈」等目標造成一定阻礙。

2012年3月，在粵、港兩地政府同意下，香港推出「過境私家車一次性特別配額試驗計劃」（簡稱自駕遊計劃），讓未有兩地牌照的香港私家車車主申請一次性特別配額，經深圳灣口岸駕車入境廣東。申請人需提早5~8個星期向運輸署預留一次性特別配額，並必須在預留配額的5日內向運輸署提供相關證明文件。在取得香港運輸署發出的配額後，申請人仍必須購買內地車輛保險，向廣東相關部門申領3個證件，到香港總商會辦理「暫准進口證」。整個申請過程用時較長，而現代生活節奏快、變量多，難以在時間上進行長遠安排，因此市民參與該計劃的熱情並不高。根據運輸署數字，到2017年6月底，一共發出10,850個配額，平均每日使用不足6個配額，遠低於每日50個配額的上限。「自駕遊計劃」參與率過低，既未實現政策原意，也對口岸資源造成浪費。

我們認為，可考慮按照「維持總量控制、放開車輛限制」的原則，借助科技力量，提升通關效率。鑒於當前智慧手機高度普及，希望粵、港、澳相關出入境部門，共同開發手機預約程序，改善跨境私家車通關安排，根據出入境部門收集的大數據，分析港、澳私家車入出內地口岸模式，設計出一套整合全部陸路口岸的通關預約系統，讓符合資格的用戶通過手機提前進行通關預約。考慮到特定口岸的處理能力，可根據歷史數據為每個口岸每日預約總量設定上限，實行總量控制，一旦超過上限則不再接受預約。

我們還認為，可考慮取消港、澳私人小汽車必須從指定口岸入出境的限制，讓使用者根據需要和等候情況自行選擇通關口岸。為提高服務質量和提升通關效率，將每日預約配額進一步區隔，按時段分配預約名額。如特定口岸特定時段的預約名額已滿，使用者可選擇預約下一通關時段，或轉往其他仍接受預約的口岸，或在無預約情況下前往任一口岸排隊通關。因此，該預約系統必須整合所有陸路口岸數據，並且能夠顯示特定口岸每日通關配額和特定時段已預約名額，以及以非預約方式通關的預計等候時間，讓使用者能靈活高效地安排時間。

在推行初期時，為照顧部分不瞭解或不會用預約系統的用戶，可考慮為其預留部分口岸通道，即使他們沒有預約也可順利通關。同時，建議攜手港、澳對口部門，對新安排大力宣傳。相信在宣傳和示範效應的雙重作用下，預約通關的使用率會越來越高。根據預約通關和傳統等候通關使用者的份額變化，出入境部門可動態調整兩種口岸通道比重。為避免預約系統遭濫用，可要求使用者在預約時提供個人和車輛資訊。

針對「自駕遊計劃」，建議將一次性特別配額的有效期由目前的5日延長至30日，讓車主更能彈性地去安排時間。同時，對已取得「自駕遊計劃」證件的車主，允許其使用手機預約程序，提早24小時進行通關預約即可。目前「自駕遊計劃」每日僅有50個名額，對口岸的處理能力不會帶來大的挑戰，因此建議取消「自駕遊計劃」車輛必須從深圳灣口岸入境的限制，允許「自駕遊計劃」車主與「兩地牌照」車主一樣，按需選擇通關口岸。

以手機程序預約過關，政府仍能控制過境車流總量。允許符合資格的車輛自由選擇通關口岸，也有助於在港、澳、深、珠四地形成「西進西出、東進東出」的格局，有效緩解四地市內交通壓力，又可帶來環保效益。

交通車輛與保險掛勾，沒有保險的車輛是不能上路的。而且，除了車輛保險，還有其他的保險產品可以考慮在粵港澳大灣區內實現「保險通」。國家的保險業正高速發展，香港也是亞太區保險業樞紐及粵港澳大灣區的金融核心圈，我們相信在粵港澳大灣區的建設下，香港和澳門兩個特區能幫助國家的金融及保險業開拓「一帶一路」市場，向世界「走出去」。

要發展保險業，做到人通、金通、資訊通及保險通，需要大家一起爭取更多的落地政策。另外，科技的去中介化正在改寫金融業的業態，創新科技也為金融業帶來一些挑戰，如何把挑戰化為機遇，把機遇變成商機，以及保險科技的未來發展與不同應用，都需要各界的參與。

「大灣區通行證」可為民眾帶來便利

現在粵、港、澳三地的人流、物流、資金流、資訊流日趨頻繁，但由於三地體制、法律、貨幣、稅務、檢疫通關等方面各有制度，目前「四流」融通存在不少障礙。要全面發揮粵港澳大灣區的優勢，必須做到以下幾點：

一、建設「灣區」品牌

要有機結合粵港澳大灣區的 11 個城市，必須放棄「城市本位」，以「灣區本位」去規劃發展。我們建議，官方、民間多舉辦以「灣區」為本位的跨境論壇、商貿展覽和國際體育盛事等，塑造「灣區」文化，建立「灣區人」身分。

二、加強基建互聯

要推動粵港澳大灣區建設，那麼粵、港、澳三地的跨境交通基建就必須高效地結合起來。我們建議，在香港和深圳的東西兩翼口岸興建軌道交通，東線蓮塘香園圍口岸可以興建東鐵支線連接深圳地鐵，西線興建洪水橋前海跨境鐵路，在前海實行「一地兩檢」，並在前海連接穗莞深城際鐵路及深惠城軌。

此外，有關方面應考慮在港珠澳大橋多開一個接口通往深圳，加上正在興建的「深中通道」，粵港澳大灣區將建成完善的「網形陸路運輸系統」。

三、促進要素流動

要想有效促進粵港澳大灣區的要素流動，必須採取一系列創新措施，如：

由公安部統一審批簽發「中華人民共和國港澳居民身分證」，取代現在的「港澳居民往來內地通行證」。對港、澳永久居民中的中國公民在內地日常生活上進行實名登記，進一步探討如何對港、澳永久

居民中的中國公民視作內地居民管理。

推出由廣東和港、澳兩地出入境部門聯合簽發的「大灣區通行證」，供大灣區的商務、科教人士（不分國籍）及其家屬申請。持證人可以自助通關，無須再簽證出入境，並可在粵港澳大灣區任何一個城市短期（例如6個月）居留。

國家部委可下放審批權，由廣東省政府下的相關廳、局、委，按規定和實際情況，適度調整港、澳專業人士的專業認證條件，允許符合資格的專業人士在粵港澳大灣區執業。

取消「一週一行」安排，不再限制粵港澳大灣區的內地居民來往港、澳的次數。不再限制跨境車輛只能在指定口岸過關，並可以通過互聯網，預先登記過關時間。

容許就業人士的公積金、保險等可在粵港澳大灣區內自由流動，為跨境就業人士提供稅務便利。粵、港、澳三地手機的跨境數據、通話不再有漫遊收費。在粵港澳大灣區內的某些試點，如前海、橫琴等地，適當開放對某些境外網站的限制。

粵港澳大灣區作為中國人口密度、資金密度、國際專利密度最高的區域，若把優勢進一步結合起來，揚長避短，將會是中國最具特色的灣區經濟體。除了具備完整產業鏈外，「一個國家、兩種制度、三種貨幣、三個關稅區、四個國際城市」的格局是全世界獨一無二的。既是機遇，也確實會面臨很大的挑戰。只有當要素基本自由流通，「灣區」成為品牌，大家真正做到優勢互補，互相欣賞，才能夠享受到真正的大灣區發展紅利。

善用港珠澳大橋

港珠澳大橋於 2018 年 10 月正式通車。當前各界人士對港珠澳大橋前景有一些質疑，其中也並非沒有客觀的聲音，尤其是一些官員和學者的觀點值得深思。一是他們認為港珠澳大橋建晚了 20 年，如今珠三角西部的貨物要通過大橋經香港「出海」的已不多。二是港珠澳大橋沒有實施「雙 Y」（加上深圳）方案，未能提高大橋使用率，降低了大橋的經濟和社會效益。三是由於制度的阻隔，協調工作不易，港珠澳大橋的建成未能有效推動香港、珠海和澳門三地的深度合作。

我們此前也撰文指出，粵、港、澳三地由於一些差別，以及各自城市的利益問題，三地協調機制或難以順利、有效地建立，各城市之間的人才、資金流、物流、資訊流等生產要素的跨市流動和對接也可能難以通暢。

那麼，在粵港澳大灣區的框架下，該如何增強港珠澳大橋未來潛在的影響力和功能呢？我們認為，如果「看橋只是橋」，問題自然難解決。但如果「看橋不是橋」，把功夫放在橋外，或許就能減少對港珠澳大橋的質疑。

一、在粵港澳大灣區的框架下，建立港珠澳大橋的「松德地區」，打造三地科研聯盟

通過大橋打造兩岸科研聯盟，在世界上有不少成功的例子。如連接丹麥哥本哈根和瑞典馬爾摩的松德海峽大橋於 2000 年竣工。在這個

「松德地區」上，有來自兩岸的 9 所大學，16.5 萬學生和 1.2 萬研究人員在此建立了聯繫和合作。大量研究項目得以跨越國界，以更低廉的成本和更豐富的人力資源來開展了，令丹麥和瑞典兩國的科研合作有進一步發展，並推動「松德地區」發展成為歐洲北部科研中心，吸引了來自歐洲的大量高科技項目投資。

　　港、珠、澳三地聚集了多所全球一流大學，擁有國際水準的科研能力和良好的教育資源，還有國際化的貿易與金融人才以及不少來自北美和西歐國家的頂尖科研人才，科研力量較「松德地區」更為雄厚。

　　港珠澳大橋建成後，珠海本地的大學若能結合國際頂尖水準的香港大學、香港中文大學、香港科技大學、澳門大學及其他國際名校和研究機構等科研力量，完全可以建立屬於港、珠、澳三地的「松德地區」，推動三地大學、科研機構合作進行科研攻關，共同培育創新人才，並發展成為會展經濟、生產性服務業的載體，在提供資訊、培訓服務等方面發揮作用。同時，借助港、澳地區語言、文化和教育環境等方面的國際化和便利化，這一「三角區」應當吸引和招聘更多外國高端科研人才、頂尖大學畢業生，對內充實科研創新力量，對外進一步開拓國際市場，將港、珠、澳地區打造成為中國南部的科技創新中心、國際教育和培訓中心。

二、推動港珠澳大橋兩岸的民眾融合成為「大灣區人」

　　如前文提到的例子，隨著松德海峽大橋的建成，兩岸的居民已融合成為「松德公民」。瑞典不但獲得直通其他歐洲大陸國家的新通道，

丹麥的哥本哈根機場作為北歐國家中最繁忙的國際機場，也為「松德公民」的出行提供了更便利的選擇。哥本哈根的民眾則獲得緊鄰城市馬爾摩較為廉價的資源，尤其是更寬鬆和舒適的住房條件。

在「松德公民」的成功經驗下，港、珠、澳三地民眾也可考慮逐漸融合成為「大灣區人」。珠海可以仿照馬爾摩市，除了為港、澳提供較為廉價的資源之外，通過港珠澳大橋讓珠海和香港的交通運輸更便捷化，不僅有利於兩地物流，更有可能為兩地的研發互動和金融業的發展帶來新的機遇。

這方面可參考的是英國第二大金融中心愛丁堡的案例。愛丁堡集中了全球最多的基金公司和最大的基金經理群，管理近6,000億英鎊的資產，以及全球超過1萬億歐元的保險金和養老金。保險基金、養老基金從倫敦逐漸流向愛丁堡，與其和倫敦聯繫緊密但又保持一定距離有很大關係。青睞愛丁堡的基金有一大特點，就是以長期投資為主，離開「嘈雜」的國際金融中心倫敦，則可與市場的「驚濤駭浪」保持一些距離，而且金融業按各自性質分流到一個國家的不同城市，也可以大大降低金融風險。

港珠澳大橋建成後，珠海將成為一個與國際金融中心——香港聯繫緊密卻保持一點距離的城市，而且珠海的自然環境和住房條件優於不少珠三角城市，這些對於基金企業都有較大吸引力。而且，眾多重點大學在珠海設有校區，為珠海提供了優質的人才和研究基礎。這些優勢都有可能吸引長期投資性質的基金公司，把業務從香港拓展到珠海，並隨著兩地市場的互聯互通而進一步深入內地市場，讓珠海與香港在金融業方面相互借力發展，打造一個與香港具有互補性的金融中心。

更為重要的是，在「大灣區人」的基礎上，粵、港、澳三地政府應考慮申請成立專注於研究「一國兩制」協同發展的研究機構，承擔「一國兩制」融合的重大課題，探討如何推進粵、港、澳三地深度合作和高度融合，而非各自為政，以此推動社會和經濟共同發展。這不僅是應對未知挑戰的未雨綢繆之策，也是粵港澳大灣區未來融合發展的經驗和案例。

三、打造港珠澳大橋的港口聯盟，以降低運輸成本，增加國際影響力和話語權

我們在前文已提出，打造港口聯盟以分享船隻、航線和停靠港，是降低成本的必要之舉。松德海峽大橋建成後，丹麥的哥本哈根港口與瑞典的馬爾摩港口迅速合併成為一家公司——哥本哈根—馬爾摩港口，這種兩個國家之間的港口合併是史無前例的。兩個港口通過資源共享展開聯營的好處，是能將過去在不同港口掛靠的船運公司的談判對象合而為一，大大簡化用戶的談判程序。同時，聯營港口能全面平衡貨物運量，大大減少空箱率並降低成本，而且還能提供統一的物流服務。通過逾17年的發展，這一聯營港口已逐漸成為歐洲航運中心和物流集散中心。

顯而易見，港、珠、澳三地當前的條件，遠比哥本哈根與馬爾摩組建的聯營港口更有發展優勢。港珠澳大橋連接的三個城市的海空交通都非常發達，有珠海、澳門、香港三大機場，加上澳門深水港、香港葵青貨櫃碼頭、珠海高欄港等港口。珠海也可以成為粵港澳大灣區、廣東西部地區的生產要素集散中心，大灣區和西部地區的生產要素可

通過大橋、高鐵進入中國內地，廣東西部地區的生產要素也可通過香港及澳門的國際機場和港口送達全球。如果這三地的機場、港口能夠深入合作，甚至進一步組建成一個類似聯營港或航運公司聯盟的組織，不斷進行優勢互補，很大可能將發展成為一個新型國際航運聯盟。更為要緊的是，打造「港珠澳新型國際航運聯盟」，將極大地增強中國在航運業的國際影響力和話語權。

四、打造港、珠、澳三地成為世界思想之都、知識分享中心和智庫匯集中心

位於美國科羅拉多州的亞斯本是智者的「清談館」，自 2005 年起每年夏天都會在這裡舉辦為期一週的「思想節」，吸引了來自包括美國在內的世界各地上千名政要、企業家和學者聚集，為世界科技、文化、社會和經濟等領域的發展集思廣益。除了亞斯本的「思想節」外，還有瑞士的「達佛斯論壇」、海南的「博鰲論壇」等國際知名論壇，都為世界各國的發展提供了思想和方法。

粵港澳大灣區匯集了全球頂尖的科技中心、金融中心、資訊中心和這些領域的一流企業，完全有條件打造出由中國主導的思想盛會。因為港珠澳大橋的建成，完全可以每年邀請世界頂尖學者甚至諾貝爾獎獲得者前來粵港澳大灣區各城市，為粵港澳大灣區、為中國、為「一帶一路」沿線國家和地區，乃至為世界的科技和經濟發展、文化和社會進步提供最前沿的思想，把港、珠、澳三地打造成為另一個世界智者「清談館」和知識分享中心。

在此基礎上，港、珠、澳三地還可以打造成為智庫匯集中心，為

三地的融合提供智力支持。由於港、珠、澳三地的制度、文化和發展等不同，要有效融合併建立協調機制「說易行難」，在這種情況下，就需要建立區域連接機制。

區域連接機制是需要依靠各地政府、企業為了解決問題而建立的特殊機制。政府是推動正式合作的核心行為者，私人部門則直接參與區域市場的整合，相比較之下，各種準公共形式或者是私人部門形式的機制，則被視為解決各種問題的重要倡議者。區域連接機制第一種過程強調「由上而下」的合作進展，也就是政府之間制度化的整合路徑。第二種過程則是強調「由下而上」的合作進程，特別是在市場、服務、智庫與各地社會連接的基礎之上進行。

目前實施區域連接機制較為成功的是日本的東京灣區。東京灣區有一都三縣，包括若干大城市和中小城市。其成功一方面是依賴城市間「由上而下」的有效整合；另一方面，更重要的是依賴「由下而上」的合作。因為東京灣區各城市政府決策者會不斷更換，加上每任政府負責人都有自己的施政方案，「由下而上」的合作往往比「由上而下」的合作更為重要。因此，對東京灣區發展的來龍去脈最為瞭解的不是政府負責人或哪個政府部門，而是東京灣區的智庫。

如果珠、港、澳三地也能建立區域連接機制，聚集相關智庫，長期為三地的發展規劃出謀劃策，那麼，一方面三地的發展理念、發展規劃能保持相對一致、連貫，另一方面，則可為粵港澳大灣區未來建立區域協調融合機制提供有益經驗。

隨著港珠澳大橋的正式通車，粵港澳大灣區的互聯互通將邁進更大一步，抓住機遇和迎接挑戰已經迫在眉睫。在當前各界「看壞」雜

音多於「叫好」聲音的情況下，三地政府和民眾不應僅僅一笑置之，更需要的是跳出「看橋只是橋」這種局限的思維框架，帶著精準的前瞻性去把握「港珠澳大橋時代」這一歷史機遇。衷心祝願港珠澳大橋通車後，能給我們帶來更加美好的未來！

後　記

　　建設粵港澳大灣區，是國家主席習近平親自謀劃、親自部署、親自推動的國家戰略，是新時代推動形成全面開放新格局的新舉措，也是推動「一國兩制」事業發展的新實踐。對於香港來說，粵港澳大灣區是產業轉型升級、城市維持和提升競爭力的機遇，也是年輕人發展的新舞臺。

　　粵港澳大灣區的發展，既有主觀意願，也有客觀條件，願景很好，機遇很大，但是也有不少特殊的困難。各個城市之間的競合關係、利益鏈分配、文化差異等因素，都可能對粵港澳大灣區的發展帶來一定的影響。這些在書中都有講述，但未能全部詳細論證，所以我們只能從大原則上提出優勢互補和協同發展。反正「方法總比問題多」，改革開放的經驗，既是「摸著石頭過河」，也是「過關斬將」，我們要有信心。

　　我們的信心來自廣東和港、澳都是改革開放的見證者、參與者、貢獻者和得益者，來自國家的高度重視和「9+2」城市的熱情，來自粵語文化圈的歷史淵源，也來自全球競爭環境和國家發展環境對我們改革升級的「倒逼」。正所謂「前途是光明的，道路是曲折的」，粵港澳大灣區的發展，可能要經過一段很長的時間才能見到顯著效果，也

可能要兩三代人才能真正享受到發展的紅利。但「千里之行，始於足下」，我們不僅期待豐收的喜悅，也享受耕耘的樂趣。

　　寫這本書，主要是希望讓更多的人認識到粵港澳大灣區對中國未來發展的重要性，以及粵港澳大灣區在「一帶一路」倡議等國家發展大局裡面可以扮演什麼角色。有關粵港澳大灣區的論壇舉行了很多，我們也經常出席研討，並且實地調研了灣區所有的城市，同時參考了世界上另外幾個灣區的發展經驗。但是形成每個灣區都有獨特歷史原因和特殊地緣環境，既無法複製，也不能模仿。由於成稿時粵港澳大灣區規劃尚未公布，我們也無法確定書中的建議是否與規劃相吻合。作為學者，我們拋磚引玉，提出一些粵港澳大灣區建設和發展的思路，以及在實踐中要注意哪些地方。建議讀者們可以參考，不用照單全收。野人獻曝，疏失難免，尚祈方家有以教之也。

洪為民

2019 年春於香港

國家圖書館出版品預行編目（CIP）資料

「一帶一路」下的粵港澳大灣區藍圖 / 梁海明, 洪為民, 洪雯 著. -- 第一版. -- 臺北市：財經錢線文化, 2019.10
　　面；　公分
POD版

ISBN 978-957-680-366-6(平裝)

1.區域經濟 2.經濟發展 3.中國

552.2　　　　　　　　　　　　　　　　　　　　108016508

書　　名：「一帶一路」下的粵港澳大灣區藍圖
作　　者：梁海明、洪為民、洪雯 著
發 行 人：黃振庭
出 版 者：財經錢線文化事業有限公司
發 行 者：財經錢線文化事業有限公司
E - m a i l：sonbookservice@gmail.com
粉 絲 頁：　　　　　　網　址：
地　　址：台北市中正區重慶南路一段六十一號八樓 815 室
8F.-815, No.61, Sec. 1, Chongqing S. Rd., Zhongzheng Dist., Taipei City 100, Taiwan (R.O.C.)
電　　話：(02)2370-3310　傳　真：(02) 2370-3210
總 經 銷：紅螞蟻圖書有限公司
地　　址：台北市內湖區舊宗路二段 121 巷 19 號
電　　話:02-2795-3656 傳真:02-2795-4100　網址：
印　　刷：京峯彩色印刷有限公司（京峰數位）

　本書版權為西南財經出版社所有授權崧博出版事業股份有限公司獨家發行電子書及繁體書繁體字版。若有其他相關權利及授權需求請與本公司聯繫。

定　　價：280元
發行日期：2019 年 10 月第一版
◎ 本書以 POD 印製發行